沈阳城市文化艺术资源传播管理研究

党维波◎著

吉林出版集团股份有限公司
全国百佳图书出版单位

图书在版编目（CIP）数据

沈阳城市文化艺术资源传播管理研究 / 党维波著. -- 长春：吉林出版集团股份有限公司, 2025.1. -- ISBN 978-7-5731-6126-0

Ⅰ．G127.311

中国国家版本馆 CIP 数据核字第 2025MU9093 号

沈阳城市文化艺术资源传播管理研究
SHENYANG CHENGSHI WENHUA YISHU ZIYUAN CHUANBO GUANLI YANJIU

著　　者	党维波
责任编辑	蔡大东
责任校对	关锡汉
封面设计	张秋艳
开　　本	710mm×1000mm　　1/16
字　　数	200 千
印　　张	10.25
版　　次	2025 年 6 月第 1 版
印　　次	2025 年 6 月第 1 次印刷
印　　刷	天津和萱印刷有限公司
出　　版	吉林出版集团股份有限公司
发　　行	吉林出版集团股份有限公司
地　　址	吉林省长春市福祉大路 5788 号
邮　　编	130000
电　　话	0431-81629968
邮　　箱	11915286@qq.com
书　　号	ISBN 978-7-5731-6126-0
定　　价	69.00 元

版权所有　翻印必究

前　言

一个城市的文化艺术资源，作为文化事业繁荣与文化产业发展的坚实基石，不仅承载着历史的记忆与民族的精神，还孕育着创新与多元的发展潜力。文化艺术产业的发展，其实质就是将这些丰富的文化艺术资源通过创意、科技与市场机制的共同作用，转化为具有经济价值和社会影响力的文化产品和服务的过程。这一过程不仅能促进文化的传承与创新，还可带动相关产业链的延伸与升级。

在城市文化艺术资源的保护与开发利用方面，采取政府宏观掌控下的文化艺术产业集群模式运作，尤为关键。这种模式通过整合区域内外的文化资源，形成规模效应与协同效应，不仅能有效地保护珍贵的文化遗产，消除过度商业化带来的破坏，还能促进旅游业、会展业、演艺业等多个行业的协同发展。旅游业的繁荣能够吸引更多游客体验城市的文化魅力，会展业则为文化艺术作品的展示与交流提供了广阔平台，演艺业的兴盛则进一步丰富了群众的精神文化生活，推动了城市文化软实力的提升。

作为历史文化名城的沈阳，历史文化是其城市精神文化的本源。依托沈阳厚重的历史文化积淀，作者针对沈阳城市文化艺术资源，运用艺术管理学相关专业知识，研究沈阳城市文化艺术资源传播新路径，塑造沈阳国家历史文化名城新形象，旨在满足人们不断增长的精神文化需求，为沈阳城市文化艺术资源传播提供参考与借鉴。同时，这也能为加快沈阳文化强市建设步伐、塑造城市品牌、推动沈阳全面振兴奠定基础。

本书以沈阳城市文化艺术资源为切入点，从产业价值、文化价值、社会价值三个方面深入阐释沈阳城市文化艺术资源的传播价值，进而解读目前沈阳城市文化艺术资源传播方式——现场传播方式、展览性传播方式、大众传播方式，探究如何更好地运用艺术传播理论，指导沈阳城市文化艺术资源的可持续发展。

在撰写本书的过程中，作者参考了大量的学术文献，得到了许多专家、学者的帮助，在此表示真诚感谢。由于作者水平有限，书中难免有疏漏之处，希望广大同行与读者指正。

党维波

2024 年 9 月

目 录

第一章　研究缘起 1

第二章　沈阳城市文化艺术资源传播管理现状 5
　　第一节　相关政策为传播管理实践提供支持 5
　　第二节　传播管理模式日益多元化 9
　　第三节　传播管理体系已经成熟化 13
　　第四节　传播管理内容稳步增加 17
　　第五节　传播管理渠道不断扩大 21
　　第六节　传播管理成果逐渐丰富 25

第三章　沈阳城市文化艺术资源传播管理的机遇 35
　　第一节　市场化发展为传播创造条件 35
　　第二节　城市旅游产业化为传播带来创新空间 36
　　第三节　展会需求为传播提供便利条件 39
　　第四节　技术创新为传播提供动力 40

第四章　沈阳城市文化艺术资源发展策略 43
　　第一节　对相关专业人才的需求 43
　　第二节　传播技术与产业发展的革新 44
　　第三节　受众需求与评价机制的创新 46

第四节　教育教学方式的创新 ·········· 48
　　第五节　城市文化艺术发展的可持续性 ·········· 48

第五章　沈阳城市文化艺术资源传播管理的意义 ·········· 55
　　第一节　促进区域文化艺术资源向传统回归 ·········· 55
　　第二节　促进城市文化艺术繁荣发展 ·········· 56
　　第三节　满足新时代艺术审美要求 ·········· 57
　　第四节　发扬新时代文化艺术精神 ·········· 59

第六章　沈阳城市文化艺术资源的传播与可持续性发展 ·········· 63
　　第一节　城市文化艺术资源中的文化价值 ·········· 63
　　第二节　城市文化艺术资源中的社会价值 ·········· 69
　　第三节　城市文化艺术资源中的产业价值 ·········· 77

第七章　沈阳城市文化艺术资源传播的升级策略 ·········· 85
　　第一节　产业视角下品牌化升级路径 ·········· 85
　　第二节　管理者视角下的传播升级路径 ·········· 98
　　第三节　社会群体视角下的传播升级路径 ·········· 107

第八章　沈阳城市文化艺术资源传播管理的发展方向 ·········· 119
　　第一节　创新管理 ·········· 119
　　第二节　城市文化艺术传播与社会价值相统一 ·········· 125

结　语 ·········· 133

参考文献 ·········· 135

第一章 研究缘起

沈阳是辽宁省会，地处东北亚和环渤海经济圈的中心，具有得天独厚的地理优势，以及悠久的历史文化和重要的战略地位。市政府广场高耸的太阳鸟雕塑，仿佛在向人们讲述着7000多年前，先民们用勤劳智慧的双手创造了灿烂的沈阳新乐文化的历史过往。沈阳拥有丰富的文化艺术资源和厚重的历史文化积淀，在当前，研究沈阳城市文化艺术资源传播新路径，对于塑造沈阳国家历史文化名城新形象、促进沈阳文化艺术成果创新转化具有重要的现实意义。

如今的沈阳流光溢彩，已然成为东北地区政治、经济、文化、艺术、商贸中心城市，对周边乃至全国都具有较强的吸纳力、辐射力和带动力。历史悠久的沈阳故宫、现代化的辽宁省博物馆、盛京大剧院等都是文化艺术资源的重要载体，为沈阳的文化艺术事业发展作出巨大的贡献。

一个城市的文化艺术资源是文化事业及其产业发展的基础条件，文化艺术产业的发展实质就是文化艺术资源的转化过程。在城市文化艺术资源保护与开发上，政府宏观掌控下的文化艺术产业集群模式运作，能够有效地促进旅游业、会展业、演艺业等行业的发展。在当今文化艺术产业繁荣背景下，为了满足群众现代文化艺术审美体验需求，营造沈阳高层次的文化艺术资源传播环境，政府要以艺术管理学相关理论和实践经验，积极探索沈阳城市文化艺术资源传播新路径，以弘扬中华民族优秀文化艺术为主、积极引进国外文化艺术经典为辅，着力重塑文化艺术资源和市场需求的关系，探索沈阳城市文化艺术多路径传播模式，积极拓展艺术传播媒介以及数字博物馆建设，引领商业化文创产品开发，将传统文化演绎成现代讲述，积极提供专业化、精细化的传播管理以及人性化服务，为沈阳建设历史文化名城贡献力量。

沈阳城市文化艺术传播管理研究是在辽宁省委、省政府将建设文化强省作为"十四五"振兴发展的重要契机下提出的。相关部门依托沈阳城市文化工作会议精神，落实辽宁省委和沈阳市委建设文化强市要求，研究沈阳城市文化艺术资源传播新路径，以期重新勾勒出"一朝发祥地，两代帝王都"的历史过往，再塑"共和国长子"和"东方鲁尔"美誉的沈阳国家历史文化名城新形象。赋能沈阳丰富的艺术文化资源，赓续传承中华优秀传统文化，这也是沈阳市当地始终重视的方面。文化是城市的灵魂，展示的是城市风貌，体现的是城市品位，可决定城市的活力和长远竞争力。政府相关部门应充分解决沈阳故宫历史文化遗产以及剧院、博物馆的文化艺术资源传播问题，利用"互联网+"探索城市文化艺术传播新途径，搭建产业创新平台，以智能技术变革传播模式，将现代高科技人工智能（AI）、增强现实（AR）、虚拟现实（VR）等技术手段运用于文化艺术资源传播中，推进产业链、创新链的有机衔接，全面助推沈阳建设国家中心城市。

在文化全球化的今天，文化的国际传播对国家发展、民族复兴、文化繁荣的价值和意义比以往任何一个历史时期都显著。全面推动中国文化的国际化传播已经成为影响国家发展、助力民族复兴、实现中国文化繁荣昌盛的重要基础和保障措施。在"中国传统文化热"全球升温的时代背景下，研究和探讨沈阳城市文化艺术的国际化传播问题已经成为推广中国传统文化、提高中国文化影响力、提升文化软实力的重要体现。沈阳城市文化艺术作为东北地区最具代表性的艺术形式之一，通过国际化传播有利于其获得文化认同，维护国家文化主权。

文化认同的核心是民族传统文化当中的精髓，包括民族精神、民族信仰等，这些内容对于一个民族或者国家的维系起到了关键作用，也是其价值存在和认同的正当合法性要件。文化认同最简单的途径就是保护民族传统文化，尤其是对非物质文化遗产的保护，它可以极大地加深这种文化认同。文化遗产按照有形和无形可以分为物质文化遗产和非物质文化遗产，非物质文化遗产更加具有代表性，更加具有象征意义。通过非物质文化遗产的保护，我们可以保留一个民族和国家的最具有标志性的内容，并传承民族和国家的核心精神，一代一代传承下去，将成员之间的身份确定下来，告诉我们是谁，从哪里来，将要走向哪里。

总之，沈阳城市文化艺术作为东北地区最具代表性的艺术形式之一，通过国际化传播可以促进民族文化认同，它不仅可以在传统艺术保护当中加深国家和民族认同感，也可以在认同下推动保护工作的开展，提升保护效果和质量。

沈阳城市文化艺术资源传播有利于我们维护文化主权。文化主权是经济全球化时代国际关系中出现的一个新的概念，是指"现代民族国家将本民族文化的习惯、信仰和价值观念上升为国家意志，意味着对本民族文化所拥有的最高和独立的权利和权威"。人类早期的文化主权没有得到重视，独立性程度较低，主要隐藏在政治主权当中，随着全球化的发展、民族独立运动的结束，文化主权展示出了其独立性，从政治权力当中剥离了出来，其内涵及特征也日益被人们所重视。

在西方文化的扩张当中，许多发展中国家和欠发达国家日益认识到了文化主权的重要性，强烈地感受到维护本国文化主权的重大意义。维护国家文化主权不再是一句空话，而是要实实在在地付诸行动，其中对沈阳城市文化艺术这样的地方艺术进行传播就是彰显文化软实力的重要体现。实践证明，艺术传播对于强化国家文化主权至关重要，艺术文化在非物质文化遗产当中具有普遍性，无论是亚洲、非洲、拉丁美洲还是欧洲等地区，艺术文化都是最为常见、最为普遍的一类非物质文化遗产。

第二章 沈阳城市文化艺术资源传播管理现状

本章主要论述沈阳城市文化艺术资源传播管理现状，从以下六个方面展开论述，分别是相关政策为传播管理实践提供支持、传播管理模式日益多元化、传播管理体系已经成熟化、传播管理内容稳步增加、传播管理渠道不断扩大、传播管理成果逐渐丰富。

第一节 相关政策为传播管理实践提供支持

法律和政策是沈阳城市文化艺术资源传播管理实践的制度性保障。为了支持沈阳城市文化艺术资源传播管理，当地发布了包括旅游发展等在内的直接相关的政策文件，涉及旅游产业管理、传统文化资源开发等，为沈阳城市文化艺术资源传播管理实践奠定了基础。从政策支持内容来看，主要体现出几大特征：一是文化旅游融合受到重视，鼓励积极发挥在线旅游企业整合文化要素资源的积极作用，带动交通、住宿、餐饮、游览、娱乐等旅游相关企业协同发展，这可体现出当地政府对文旅融合发展的态度，当地试图通过自媒体等平台促进文化艺术资源和旅游产业的深度融合；二是以城市文化艺术资源开发利用为切入口推动文化艺术产业多样化发展，鼓励加大城市文化艺术资源的保护和利用，并挖掘城市文化艺术的多重价值，推动城市文化艺术品牌建设发展。

沈阳城市文化艺术资源传播管理涉及产业发展、服务质量、媒体传播运营、资源开发利用等相关内容，沈阳市政府从人才教育、市场管理等方面给予了许多政策支持，这是当地城市文化艺术资源传播管理实践的必然要求。尤其是当地通过相关政策加大了对传播媒体信息化发展的支持。这说明传播媒体在沈阳城市文化艺术资源传播管理实践中发挥了重要的传播运营功能。在沈阳城市文化艺术资源传播管理当中，地方政府充分认识到媒体的优势，同时为沈阳城市文化艺术资源传播管理的信息化发展提供了政策引导。在引导过程中，当地政府将人才引领、数字经济、产业发展、新媒体品牌意识、新媒体传播运营实践能力等作为主要目标，鼓励和支持管理者加强新媒体传播与运营的学习，熟练掌握现代传播技术，并要求相关人员掌握一定的传统文化艺术知识，建立资源库，为从业者提供活动的支持，如必要的场所和学习技能的资金等。从业者也要承担义务，必须保存好与文化艺术有关的珍贵的实物资料，配合文化主管部门和其他有关部门进行当地城市文化艺术资产的调查，参与公益性的城市文化艺术宣传普及活动。在此过程中，将沈阳城市文化艺术资源融入传播活动，发挥城市文化艺术资源管理效应，有利于当地提高传播质量和效率。

目前政策效应非常明显，对沈阳城市文化艺术资源传播管理实践产生了积极的作用。一方面，通过政策的引导，沈阳当地的城市文化艺术资源保护得到了快速发展，一大批濒临消失的城市文化艺术资源受到了重视，在精心保护下得以开发利用和转化发展。通过非遗传承人项目的开展，年轻的传承人接力传承重任，让公共艺术文化传承遍地开花。另一方面，通过政策的执行，沈阳各高校及企业等社会主体积极参与到沈阳城市文化艺术资源传播管理实践中，发挥自己的优势和长处，在实践中形成了产业化、信息化的良好发展格局。相关政策为其提供各方面的保障，极大地调动了人们的热情。政策的长远规划为沈阳城市文化艺术资源传播管理实践提供了方向指引，明确了发展路径，使从业者吃下了定心丸。

目前来看，沈阳城市文化艺术资源传播的直接受益领域是城市旅游行业，而且对城市旅游行业发展的直接政策支持力度也最大，因此传播管理的主要精力也放在了城市旅游行业。城市旅游产业是一种在经济全球化背景下产生的以文化创造力为核心的新兴旅游业态。城市旅游产业以文化工业化为核心驱动，通过科技创造力和高科技提供新型文化产品和服务。城市旅游产业与其他产业相比，特征十分明显：第一，高知识特征。城市旅游产业由于重点在创意方面，要求从事这方面的人才在知识涉猎方面要非常广泛，相关的文化管理人员等既要有文化的基础知识，也要有管理、市场的知识，所以说其具有高知识的特点。第二，原创性特征。任何城市旅游产业的创新都是对文化内容的创新，而文化内容的创新关键就在于原创性，任何一件文化产品都能够反映创作者的思维、智慧和精神，其作品都是独一无二的。第三，高附加值特征。城市旅游产品基本都是建立在创新的基础上，创意能够增加产品的附加值，我们可以看到经过创意加工的产品和服务的价值明显大于普通产品，因为其具有丰富的文化内涵和非常高的技术含量。第四，融合性强的特征。城市旅游产业作为一种新兴产业，其包含的内容非常广泛，包括不同的行业、不同的领域，属于一个相互关联、相互融合的产业，具有较高的融合性和渗透性。

近年来沈阳城市旅游由传统文化领域向文化特色产业、新兴创意产业过渡，已经取得了实效。尤其在涉及重大民生的特色产业和新兴产业中，沈阳采用主导产业带动其他产业协同发展的模式，加速城市旅游从传统模式走向创意模式，发展势头强劲。例如文化遗产评估、艺术活动、体育及健身休闲活动、会展服务、艺术品收藏与拍卖等，沈阳通过发展文化外延产业提高了文化服务及产品附加值，为沈阳城市旅游现代化转型奠定了基础。沈阳在城市旅游产业发展过程中更加重视公共服务效应，这突出体现在公共就业服务和社会保障方面。在公共就业服务中，沈阳城市旅游充分利用"惠民生、促就业"的政策方针，为文化主导产业发展提供了优质的服务资源，尤其是新型服务业与小微企业，对它们的日常运行、生存状况进行重点观察，努力为其提供更多的就业岗位，保障刚毕业的艺术类学生能够有一个较为稳定的创业环境，并积极为其提供新型培训等服务。在新媒体背景下，伴随着数字化技术的发展，沈阳将建设网络媒体作为核心战略部署，这意味着网络媒体会为文旅产业发展助力。沈阳拥有丰富的旅游文化资源，这都是未来数字化赋能的对象，加强文旅产业发展可以在未来经济竞争、媒体与经济融合当中占据一席之地，其可提高传统艺术竞争力。

新媒体对沈阳城市旅游产业发展提出了新的要求，作为促进沈阳城市旅游产业发展的重要力量，沈阳城市旅游产业发展在新媒体环境下呈现"六化"特点：服务智能化、业务无感化、个体差异化、体验场景化、渠道全程化、融合深度化。新媒体促进沈阳城市旅游产业发展首先基于物理网点，物理网点是有形的、可见的，但是新媒体带来的信息化发展，会让沈阳城市旅游产业发展打破这种物理空间限制，以"润物细无声"的方式渗透到服务的每一个环节和角落，不知不觉地走近游客，拉近与游客的距离，主动满足游客的需求，想游客所想，将服务属性与游客的需求无缝对接，实现亲密服务和深度服务。传统的媒体功能只能在线下完成，但是在新媒体背景下，媒体功能发生了重要变化。目前沈阳城市旅游产业发展正在将传统媒体功能快速从线下向线上转移，这种趋势是不可逆转的。但是我们必须认识到，传统的物理渠道功能就真的消失了吗？答案是否定的。在新媒体时代，游客更加注重多样的体验，也更需要高质量的沟通、交流，因此在这种情况下游客对传统媒体渠道会更加依赖。所以，传统的媒体渠道功能并没有消失，而是更加强大了，它在数字化技术、智能化应用的帮助下"无处不在"。

在新媒体时代，体现游客需求的是基于社交关系的产品服务，沈阳城市旅游产业发展将去中心化赋权作为首要前提。一方面，游客不仅可以自由选择旅游机构提供的传统艺术产品及服务，还可以在手机App界面通过自由添加、取消关注的账号来设置喜欢的旅游信息内容，以达到根据自由意志订阅内容，实现个性化需求的目的。另一方面，应用后台的推荐功能，以用户的地域属性、个人偏好作为基础算法，推送接近游客需求的信息，实现以游客的个性需求为主导的艺术服务和产品推送。在实现了为游客去中心化赋权的基础上，应用后台可通过"你可能想要认识的服务"等引导功能，将游客与服务相连。新媒体背景下，沈阳城市旅游产业发展势必会日益科技化、智能化、数字化，无论是文旅融合发展理念还是市场功能、产品及产业结构都会发生深刻的变化，并进一步呈现出跨产业融合、跨界产业竞争的趋势。

第二章　沈阳城市文化艺术资源传播管理现状

第二节　传播管理模式日益多元化

一、加强城市文化艺术遗产利用

随着时代的发展，城市文化艺术遗产的利用逐渐从"封闭性"向"开放性"转型。封闭性指的是在相关城市文化艺术遗产的开发和维护中不对外开放，旨在最大化地保留原汁原味的风格。随着相关技术的发展，这种封闭性不断被打破，逐渐呈现开放性。另外，当地的城市文化艺术遗产凭借高科技的赋能也逐渐被更多的人熟知，成为一张亮眼的名片，很多人在线上为城市文化艺术遗产的利用建言献策，提供新的思路。像沈阳故宫作为文化遗产遗址，凭借高科技发挥了积极的传播作用，近年来通过开放化技术合作模式提升了知名度和影响力，吸引了众多国内外的游客进行参观和关注。沈阳立足于这些城市文化艺术遗产的原生性面貌，积极建设国家级城市文化艺术遗产中心，加大了合理利用的可能性，为文化艺术遗产旅游提供了积极的条件。科学的管理模式对城市文化艺术资源传播的影响是毋庸置疑的，其主要体现在传播内容、传播体验、传播管理、传播质量等方面。

科学的管理模式可对城市文化艺术资源的内容传播产生积极的影响。随着城市生态文明建设快速推进，城市生态理念已经无处不在，这就要求沈阳引入科学的管理模式，加强对城市文化艺术资源的开发和利用。在科学的管理模式下，城市文化艺术资源内涵发生了新的变化，客观上推动了管理者对城市文化艺术资源传播内容的优化。沈阳在文化传播过程中要通过有效的方法增强传播效果，尤其在传播内容方面真正践行科学管理模式，彰显城市文化艺术资源的本土性、民族性、生命性的传播内容特征，建构符合科学管理语境的传播内容。

科学的管理模式强调人的生态属性和城市文化艺术资源的生态价值，在管理活动中应当体现出生态智慧，让生态智慧感染人、管理人，让管理对象体验到生命的本真意义。因此，科学的管理模式下的城市文化艺术资源应当与体验发生关联。科学的管理模式可以为传播体验提供更加科学系统的方法，让管理对象在艺术传播活动中体验到生态知识，从而汲取生态智慧，了解生态文明，感受生态理念，提升城市文化艺术传播体验效果。随着科学的管理模式的不断推进，智慧型、环保型、生态型管理理念已经成为热议的话题。在生态环保技术发展下，智慧生态城市、绿色城市等发展模式在不少城市生根发芽，已经成为现代管理的发展理念之一。通过网络技术和通信技术的应用，建立起高覆盖的管理平台，为城市提供科学有效的绿色管理通道。尤其是城市文化艺术活动结合艺术管理特征，强化了艺术资源的集成性、整体性、系统性、对话性，促使城市文化艺术资源利用的目标定位放在艺术实践能力与人文素养的整合发展当中，客观上促进管理信息的共通、共联、共享，让管理工作的各要素实现了有机整合。毋庸置疑，科学的管理模式对城市文化艺术资源传播实践产生了深刻影响，作为城市文化艺术产业发展的重要趋向，科学的管理模式是城市文化艺术资源实践发展的应然选择，未来城市应当探索基于科学的管理模式的城市文化艺术资源传播实践路径，促进城市文化艺术资源开发利用迈向新的阶段。

二、积极推动商业化资源开发运作

从近年来沈阳城市文化艺术资源的开发实践来看，其开发模式逐渐呈现出转型态势，由"非商业化"逐渐向"商业化"过渡，取而代之的是具有明显商业性质的新开发模式。随着时代的发展，政府单一主导型的开发模式从"非商业化"向"商业化"转型。在城镇化建设的带动下，多元市场主体的介入逐步将自然性质的开发活动营造成具有营利性质的活动。商业化的开发模式能够提高参与者的积极性和热情，可将资金、技术及人力投入城市文化艺术资源开发活动中。例如，将城市文化艺术涉及的民族文化艺术元素开发为特色艺术产品和品牌，其中个体及社会团队的市场化商业运作模式已经成为当前的实践新特征，事实证明商业化的开发模式客观上促进了城市文化艺术的建设与发展。

第二章　沈阳城市文化艺术资源传播管理现状

随着时代的发展，城市要想持续健康发展就必须加快文化形象建设，要通过城市文化形象来增强城市知名度和影响力，提高城市文化竞争力。城市文化作为一种艺术符号，可以更加直观有效地突出城市魅力，让城市品牌更加具有内涵，形成独特的城市标识，为人们所熟知。城市文化艺术是城市形象建设的重要载体，一座城市可以将自身的历史文化、人文民俗等要素融入城市形象建设中，并充分利用这些资源为城市形象建设提供灵感。尤其是那些拥有独特魅力的城市遗存文化、现代文明成果等，都可以融入城市形象建设中，成为推动城市文化创新发展的重要力量，为城市软实力的提升发挥重要作用。城市形象建设离不开城市文化艺术资源的支持，如何使用城市文化艺术资源、挖掘城市文化艺术资源优势、加快城市文化艺术资源转化效率，这是未来沈阳城市文化艺术资源传播中应当重视的内容。结合沈阳城市文化艺术资源传播管理现状，未来沈阳城市文化艺术资源传播应当围绕城市文化艺术产品化、品牌化、创新化等目标展开，牢牢把握城市形象建设任务，将沈阳这座城市打造成为特色文化城市，让城市形象传播渠道得到进一步拓展，让城市形象传播管理更加现代化、科学化、特色化。

城市文化艺术具有公共性、在场性、互动性、交流性等特征，自身就具有传播的功能，通过加强城市文化艺术资源传播管理，我们可以让沈阳的城市文化艺术资源传播更加符合时代需求，更好地服务于城市文化品牌构建。不同的城市有各自的城市文化艺术差异，这些差异有的是历史形成的，有的是现代市场经济推动形成的。在城市文化艺术资源传播中，我们应当将其进行分类筛选，明确不同城市文化艺术资源定位和服务功能，根据不同的城市文化艺术资源特性采用不同的传播管理方式。例如针对特定象征意义的历史文化景观，在传播管理中我们应当注重线下和线上传播的混合方式运用，突出在场性、唯一性的形象符号构建；又如针对现代城市文化成果的传播，我们可以凭借现代传播技术，将时尚现代新鲜元素融入其中，呈现独有的时代风貌，提高城市形象符号的辨识度，让城市文化艺术更加富有张力，展示自身多元化的一面。

近年来沈阳在城市文化的现代化发展中取得了一些成果。例如，通过高科技手段对民族民俗文化博览中心等实体场景进行开发利用，对传统和现代的城市文化艺术资源进行有效整合。整合的原因是沈阳民俗文化较为分散，对其进行重新梳理、分类、陈列，将历史文化、书籍档案等集中起来陈列，一次性呈现出沈阳丰富的民俗文化资源，有利于传播管理，最终可将民族民俗文化博览中心打造成城市文化艺术浓厚且城市个性鲜明的城市人文景观，吸引更多的人来观看和体验。要在丰富本地城市文化艺术需求的同时带动文旅产业的发展，提高城市的知名度和影响力。沈阳的城市文化艺术景观类型多样，主题丰富，包含了自然风光、历史人文景观、民俗民风等种类，有些景观是单一主题式的景观，有些是综合式的景观，整体上已经营造出了具有沈阳独特城市文化风格的资源格局，具有浓厚的地域文化标识，为沈阳这座城市的软实力提升作出了积极贡献。

近年来，在沈阳举办的国内国际大型活动赛事越来越多，客观上证明了沈阳城市文化艺术的发达，提升了沈阳这座城市的知名度和影响力，积极推动了沈阳城市文化艺术发展。这也对未来沈阳城市文化艺术资源的传播管理提出了更高的要求。沈阳城市形象建设应当充分利用当地的文化艺术资源，将其转化为能够体现城市文化精神的成果，并推出一批文化精品，在传播中提升沈阳这座城市的知名度和影响力。例如通过沈阳城市文化文艺演出等活动进行成果展览，让人们在欣赏这些成果过程中感受到其中蕴含的地域情感、地域文化精神，在体验中获得文化自豪感。城市形象的第一要素是视觉要素，视觉要素具有立体性、直观性等特征，由视觉要素组成的城市文化艺术形象最容易感染人、打动人，可让人们直接体会到艺术形象背后的人文价值和艺术价值。城市文化艺术成果是城市文化艺术从业者在实践中不断积累、加工创作而成的，经过了市场检验和文化浸润，具有较高的艺术价值和文化内涵，尤其在文旅融合背景下可以实现对外传播，让人们感受到当地的民俗民风等传统礼仪文化，感受到服饰文化等传统文化魅力，在文艺娱乐的氛围中参与进来，以互动的方式增强体验，不知不觉接受城市文化艺术熏陶。

三、有效促进文化艺术与大众休闲产业融合

近年来，沈阳城市文化艺术资源传播管理实践不断推动文旅产业融合，将文化艺术和大众休闲产业融合模式作为管理实践的基本方式，在开发和保护城市文化艺术的同时，还十分重视大众休闲功能的释放，这提高了旅游多重体验的满意度。从体验心理上来看，游客对体验会产生认可、比较认可、不认可、抵触等不同的情绪；从行为上看，与心理对应的是痴迷、喜爱、不喜爱、讨厌等不同的行为表示。因此，产业融合中要改变传统的历史文化教育的思路，注重文化艺术和大众休闲的多重效果，以此推动产业融合，促进管理手段和管理内容的深度融合。

沈阳拥有丰富的城市文化景观，这些城市文化景观具有鲜明的地域特色和地域辨识度，以旅游业带动文化艺术创新发展，形成高黏合的文旅产业链是提高城市文化艺术 IP 知名度的重要举措。依托城市工业和服务业，积极带动城市文化艺术的人文内涵发展，形成产业链的捆绑效应，这种融合模式在实践中已经被证明过。文化艺术和大众休闲的产业融合模式不仅能提高城市文化艺术从业者的收入，扩大就业，还可以赋予城市文化艺术品牌 IP 丰富的社会内涵，满足不同消费群体的需求。另外，产业融合模式还可促进人才资源的整合，专家学者、艺术创意人才、演员等都可以发挥各自优势，为当地城市文化艺术资源管理带来活力，实现管理的科学化和专业化。

第三节　传播管理体系已经成熟化

一、传播管理创新机制不断完善

沈阳城市文化艺术资源传播管理创新机制不断完善，具体体现为培养创新人才和激励机制、传播基地推介模式、文化艺术产业多元化创新管理。培养创新人才和激励机制涉及如何在系统化管理框架和专业化管理实践中

掌握传播理念和方法，对城市文化艺术资源传播管理进行改革创新，促进其与时俱进。传播基地推介模式涉及利用基地实践经验成果的深化，它是资源传播和管理方法创新结合的平台，是城市文化艺术资源传播管理创新发展的必要补充。文化艺术产业多元化创新管理涉及城市旅游资源标准化，以及创建良好的传播平台、建立传播管理研究院、实施科学性人才培育。

沈阳每个地域都有不同的文化艺术资源，特殊的地理环境为独有的文化艺术资源产业化发展提供了多种可能性。通过管理机制创新，我们可以把握相关资源产业化下美的特征，准确把握管理与文化艺术之间的内在关联，这是当前沈阳城市文化艺术资源传播管理创新发展的基础、途径和目标，对实现沈阳地域文化产业化市场发展具有重大意义。沈阳通过大力支持沈阳故宫、博物馆等具有标志性的文化艺术资源开发，将这些资源的传播管理机制标准化，充分体现出沈阳这座城市的文化艺术内涵及特色。城市文化艺术资源传播管理机制创新可以打造独特的视觉效果和形式多样的产品，将其融入文化艺术产业发展中，可拓展沈阳文化艺术产品的市场，并作为沈阳的城市文化名片推出。城市文化艺术资源作为最直观的形式，在传播中应当予以重视。城市文化艺术资源既具有形式元素，又可将艺术物化，能借助纪念品、工艺品、创意宣传品等营销方式让城市文化艺术资源更好地呈现出来，为现代人所接受。传播管理的基础是人才，城市文化艺术资源传播管理对人才提出了更高的要求，其不仅需要专业的产品生产、制作者，还需要懂得市场营销且懂艺术管理的人才，更重要的是要将不同类型的专业人才黏合在一起形成人才资源合力。城市文化艺术资源既古老又年轻，即便专门从事生产制作的从业者也必须具备传播所要求的其他专业技能，这是现代市场化环境下管理人员能力内涵的新变化。从文化艺术基地推介模式角度进行研究，是当前的热门课题。从现有管理实践看，城市文化艺术资源在文旅产品等管理中发挥了主导性作用，现有的文化艺术基地推介模式对城市文化艺术资源传播管理效果明显。作为城市文化艺术资源传播管理的重要途径，围绕商业旅游、休闲文娱等视角，多元化的管理路径有助于城市文化艺术资源传播。

二、多元传播管理体系已经形成

沈阳积极推进多元传播管理体系构建，强调在多元传播管理体系建设中带动城市文化艺术发展。在政策的支持下，沈阳已经构建了"场所+学校+社会"三位一体的传播管理格局。

从场所角度看，沈阳城市文化艺术资源已经不局限于传统的城市固定景点，而是通过"择优传播"，优先考虑那些知名度高、影响力强的传播场所，以打破传统的传播壁垒。从学校角度看，学校具有天然的学术资源优势，无论是理论学术研究还是人才培育实践，都能够对沈阳城市文化艺术资源的管理理论研究、作品创作、文化艺术普及等进行很好的传播。目前，沈阳城市文化艺术资源进课堂、教材编撰、双师型模式发展，都推动了城市文化艺术资源传播的可持续发展。沈阳的高校可以从物质文化遗产传承、保护、传播和交流的角度出发，对城市文化艺术资源传播管理进行研究。学校可结合地方的城市文化艺术资源项目，充分利用区域文化资源，丰富城市文化艺术的内容和形式，使传播实践具有地域特色。沈阳城市文化艺术资源遗产中，像东北大鼓、桦树皮制品、鱼皮衣、满族刺绣等，都可以当作城市文化艺术资源传播管理的可选项目进行研究。教师可以围绕这些物质文化遗产进行课程开发，将它们引入城市文化艺术课程教学，加强艺术资源管理实践与城市文化艺术品牌建设的联系。

在项目开展过程中，教师可以邀请从业者与学生进行交流，学生可以真切地体验到城市文化艺术形式的魅力，还可以与当地文化部门合作，以展演等多种形式对城市文化艺术遗产进行保护和传播；学生能够深入了解城市文化艺术，体验城市文化艺术的美，进而提高实践能力，教师可以以高校的科研项目为平台，对城市文化艺术遗产进行梳理、挖掘，建立城市文化艺术遗产资源数据库，促进城市文化艺术遗产的传播和弘扬。

在教学和研究的过程中，教师可以发现城市文化艺术遗产的美学价值，探索其艺术理念和文化内涵，寻求城市文化艺术遗产在数字时代的传播方式，并开发文化遗产在新产品中的表现形式。沈阳高校积极构建地域性城市文化艺术遗产课程体系，改革城市文化艺术教学模式，搭建城市文化艺术遗产传承的艺术管理平台。将丰富多彩的区域城市文化艺术遗产与城市文化艺术管理实践相结合，不但能够拓展城市文化艺术传播发展空间，增强青年一代的文化自觉和文化自信，而且有益于文化遗产的保护，有利于地方文化建设与发展。

从社会角度看，社会各界共同合作，积极建设城市文化艺术资源研究基地，基地负责资源整合、利用，以及智库学术服务、产业化项目培育，在基地的基础上形成了"原生态创作—知识提炼—成果转化"的传承管理链条。例如沈阳城市文化艺术研究基地，就是社会力量组织成立的城市文化艺术传播基地。在开发和传播城市文化艺术文化时，要提高城市文化艺术的特色底蕴，深入剖析本地的城市文化艺术的特点。主管部门也十分重视地域性城市文化艺术的本土化、特色化建设，倡导加强民族历史文化的学习，为民族文化自觉意识的提高提供条件，传播和弘扬当地优秀的传统文化艺术。

在大数据时代，主管部门要引进先进的现代技术手段对城市文化艺术进行系统、完整的记录和保留。在记录时要特别重视对当地城市居民的采访，这些记录将是不可多得的文化"遗存"，它能将民族的特色更好、更完整地记录和展现给游客，这是未来城市文化艺术传播管理的重要的文化依据。在新技术条件下，要运用装置艺术、影像艺术、光电艺术、新材料艺术等拓展旅游区城市文化艺术空间，丰富传统视觉样式，给艺术家提供无限的表达空间，使他们可以利用大量的科技手段综合各种材料来表达自己的观点，使人的视觉、听觉、触觉都得到满足。

新媒体是沈阳城市文化艺术富有生命力和创造力的新的互动形式。要通过精心收藏整理城市里家居生活用品、民族工艺品、图腾纹理及各种历史遗存物等，将地区的民族文化内容渗透到城市文化艺术构建中；通过城市文化艺术构建体现民族文化特色和历史渊源，加深沈阳城市文化艺术资源在游客心中的印象，并将其作为一种有效的途径宣传和传承当地的文化艺术，以城市文化艺术的展示形式提高游客认可。积极开发城市文化艺术的历史特色内涵，发展城市文化艺术产业，让游客认知和体会当地的城市文化艺术特色和趣味，增强游客对城市文化艺术的认同感和荣耀感。

总之，发掘沈阳城市文化艺术资源内涵，构建整合城市文化艺术管理体系，让多元化传播管理得以实现，这对城市文化艺术发展可产生积极的影响。尤其是在当前文旅产业蓬勃发展的今天，城市文化艺术传播管理已经成为新形势下城市文化转型和区域艺术发展的重要举措。

第四节　传播管理内容稳步增加

一、坚持创立城市文化艺术资源产品体系

沈阳不断坚持创立城市文化艺术资源产品体系，为打开城市文化艺术传播窗口提供了必要基础。以城市文化艺术资源产品设计为出发点，除了产生较高的艺术性，沈阳还十分注重形式与内涵表达，更重要的是在现代城市文化艺术蓬勃发展的大背景下重新审视其内涵，深入分析消费者的购物行为，研究影响消费行为的文化与社会因素。当前沈阳针对城市文化艺术资源的种类及调研企业在开发城市文化艺术产品时存在的问题，有针对性地对城市文化艺术资源转化方式进行了创新。

沈阳城市文化艺术资源管理十分强调创新，运用新方法和新途径，旨在为城市文化艺术产品发展开创道路。例如，多角度、全方位地去开发设计沈阳漆艺文旅产品，将传统城市文化艺术元素与现代科技、艺术价值与实用功能、创意设计与市场需求相结合，引导文化创意设计更加紧贴大众生活，更好地发挥沈阳城市文化艺术的优势与特长，使其广泛运用到与人们生活密切相关的各个领域。沈阳十分关注如何有效传播城市文化艺术资源，进而为现代文旅产品的发展奠定良好的基础。

例如，在高校设立艺术管理专业，根据培养目标严格制订人才培养计划；实行双导师制教学，通过学习采用新技术、新材料、新工艺设计出符

合现代市场需求的文化创意产品，形成学习、实践、创新一体化的专业培养模式。激励机制的创新，建立完善的展览竞赛制度，是城市文化艺术资源传播发展的良好契机。基地的建立是实践教学的深化。基地是产业和教育相结合的平台，是城市文化艺术资源产品创新设计产业化的必要补充。基地具有教学功能、人才培训功能、科研和产品研发功能。沈阳充分认识到了带有地域特色的城市文化艺术资源产品体系对城市发展有积极的推动作用，因此，围绕如何将城市文化艺术资源转化为现代产品这一问题展开了系统性探索，具体研发了具有地域特色的沈阳城市文化艺术资源产品。探索城市文化艺术语言的表现形式和商业运行模式，传承传统文化精神，重视城市文化艺术资源的传播发展，对沈阳城市文化艺术资源整体传播有着重要的推动作用。

　　沈阳城市文化艺术资源产品要发展，最重要的就是集聚资源、培养人才、传承技艺。从文化传播角度而言，这些措施取得的实践成果满足了沈阳当地城市文化艺术资源产品的市场需求，在当代语境下为继续加强沈阳特有的城市文化艺术资源语言的形成与流变注入了信心；从发展文化产业角度而言，实践证明了发展地域特色的文化产业能够带动旅游业发展，提高地方经济效益。实践证明，以激发城市文化艺术资源创作为中心环节，搭建城市文化艺术资源公共服务平台，对传统城市文化艺术资源创新发展有支撑作用。因此，加强对城市文化艺术资源研究并进行顶层设计是必要的。政府通过加大对城市文化艺术资源和文化旅游品牌建设的扶持力度，有力地推动城市文化艺术产业发展，提升了城市文化艺术资源品牌影响力。在政策资金扶持、宣传推广等方面加大对城市文化艺术资源品牌建设的扶持，并一定程度上通过发挥平台集聚作用，按照市场化方式运作，推动了文化产业的发展。

二、"专业+大众"信息服务内容

　　信息服务模式是城市文化艺术资源传播管理实践中重要的方式之一。

随着旅游产业化的快速推进，产业信息化也逐渐成为新的发展方向。伴随着自媒体技术的革新创新，信息产业化是城市文化艺术资源传播管理的重要组成部分，信息服务模式则能够衡量信息产业化的水平。目前"专业＋大众"信息服务模式在具体实践应用中取得了积极的效果。"专业＋大众"信息服务模式对城市文化艺术资源传播管理发展十分关键。传统模式下的信息服务类型较为单一：第一类是本地服务。本地服务是在一个区域或城市文化艺术遗产范围之内，以传承人等作为服务主体，以口传心授而使城市文化艺术世代延续的一种形态。这种信息服务模式优势在于人际亲密，无论是博物馆宣传，还是沈阳故宫开放，所有内容都不做保留。其劣势是依赖传承人的天赋和兴趣，如果潜在的传承人对历史文化没有兴趣就不会用心传播，结果会造成损失。第二类是学校教育服务。这种服务方式是约定俗成的一种教学关系，教师教给学生相关知识技艺，学生依靠教师教学的内容解决就业问题。

随着科技信息快速更迭，"专业＋大众"信息服务模式逐渐成为新的管理应用方式。"专业＋大众"信息服务管理是自媒体时代潮流的一道投影，是城市文化艺术发展与传播发展的主流方式，呈现出科技化、大众化的特征。"专业＋大众"信息服务模式依赖科技信息技术发展，对推动城市文化艺术管理实践效果明显。"专业＋大众"信息服务模式更加便捷、快速，随着科技信息技术的革新，这种管理模式应用趋势越来越明显，从专业媒体到新媒体，从专业机构传播到自媒体主动传播，从学校专业教育到大众文化普及，服务对象的范围不断扩大，信息服务内容数量不断增加，管理机制日益复杂化、精细化，管理效果反馈接近零延迟。通过模型运算，我们可以发现城市文化艺术资源传播信息化可以提高管理效能，这证明信息化要素在城市文化艺术资源传播管理中可以形成积极正向效应。

文旅行业从业者应当促进人力资源管理信息化发展，以业务为突破口，这样能够更加精准地将文旅行业从业者的个人指标量化反映，包括个人规划、职业诉求等，信息化管理能够更科学精准地反映人力资源管理现状。

信息科技发展更能体现出人力资源管理价值。一方面，基于传统文旅行业从业者现状进行分析，城市文化艺术资源传播信息化管理可以不断挖掘人力资源管理价值；另一方面，它可以改变文旅行业从业者经营状态，促进管理者和员工潜能的发挥。通过城市文化艺术科技角度切入，城市文化艺术资源传播管理面临新的挑战，城市文化艺术环境和要素的更新要求文旅行业从业者人力资源管理价值必须重构。城市文化艺术资源传播管理价值主要体现在市场更加透明、成本更低等方面，同时它对人才的要求更高。文旅行业从业者应当重视城市文化艺术资源传播管理价值与城市文化艺术需求一致。城市文化艺术资源传播管理信息化发展可以增加文旅市场黏性，提高管理效益。从管理组织体系角度切入，优化城市文化艺术资源传播体系是管理优化的重要步骤，目的是促进人员合理配置。城市文化艺术资源传播是随着城市文化艺术业发展而出现的，从一开始就与城市文化艺术应用场景、数据管理、政策等方面联系在一起，通常是从城市文化艺术人才的角度出发的。

三、文旅创意产品类型不断丰富

文旅创意产品生产制作水平可反映城市文化艺术资源传播管理实践质量。目前沈阳文旅创意产品数量很多，相关部门通过加工、利用等方式生产制作了大量的传统元素与现代技术结合的文创作品，总体看，优秀的文创作品越来越多，质量也越来越高，而且与其他产业的接触融合也越来越频繁。沈阳文旅创意产品类型丰富，大致可以分为文化文物类、手作类、城市生活创意类、城市民俗类、景区类、数字文化类、融合创新类七大类。像文化文物类文旅创意产品有绥棱黑陶、渤海靺鞨绣等，手作类文旅创意产品有鱼皮衣、鱼骨雕、空康吉等，还有融合创新类产品，像冰雪运动、电竞等城市文化艺术遗产仿真模拟体验是新型城市文化艺术文创产品，它们结合了全新的技术，可为游客提供全新的体验。这些文旅创意产品仍然保留了城市文化艺术特征和人文特色，同时体现了新时代技术元素。在相关政策引导下，文旅创意产品设计、生产、制作、销售受到了鼓励，我们在许多文旅创意产品设计大赛中都可以看到优秀且富有创意的概念和样品。例如，城市文化艺术体验创作促进了不同产业技术之间的融合，IP贵在创新，IP的要素是可以融合的，文旅创意产品在创新发展过程中，尝试了与自媒体等技术的融合，为观众带来了新鲜的体验。

第五节　传播管理渠道不断扩大

一、混合性传播管理渠道建设不断加强

沈阳城市文化艺术传播历来都是以线下为主，依靠博物馆、沈阳故宫等实体场所展开线下传播活动。随着时代的发展，数字技术为沈阳城市文化艺术传播提供了新的渠道选择。目前，沈阳城市文化艺术传播从"线下"向"线下线上融合"的渠道建设方向发展，而且这种发展方向呈现出不断加深的趋势。沈阳城市文化艺术管理传播经历了几个阶段的变化，这种变化受传播技术的影响很大，传播技术的发展对模式应用进行了不断塑造。例如，21世纪前，沈阳主要依靠传统媒体等渠道来宣传，相关媒介信息不容易保存，而且传播对象范围较小，影响面较窄。随着商业化旅游发展的推进，市场竞争程度不断加大，沈阳城市文化艺术资源蕴含的商业价值得到了提升。凭借传播技术的革新，沈阳城市文化艺术在市场化环境下得到了快速开发和利用。21世纪初至今，沈阳城市文化艺术资源传播日益趋向互联网等线上渠道，这种传播优势主要通过"线上"渠道提高传播速度，信息容易保存。网络媒体和数字平台的出现让城市文化艺术资源传播管理更加灵活，通过"线下+线上"混合传播模式，城市可最大化地将受众聚合起来，实现双向、多向传播反馈。总的来看，线下结合线上的多渠道传播管理是沈阳城市文化艺术资源传播管理实践中不可忽视的应用模式。

二、多元化城市文化艺术品牌营销渠道已经建立成熟

城市文化艺术品牌营销渠道是城市文化艺术传播管理实践中的必要途径，是市场消费群体对象接受城市文化艺术形象的重要窗口。城市文化艺术品牌营销渠道主要分为原生态渠道和现代渠道两大类。随着时代的发展，城市文化艺术形成了多元化营销渠道格局，在汲取原生态渠道的同时取得了创新。城市文化艺术品牌营销渠道历来是线下的实体场所，需要通过实体场所开展，游客接受城市文化艺术咨询后必须通过"在场"的形式完成体验。目前城市文化艺术品牌营销渠道发生了变化，线上营销成为常态，消费者不需要在场也可以接收城市文化艺术信息。毫无疑问，线上渠道在当前城市文化艺术品牌营销渠道中具有明显的优势，越来越多的城市文化艺术品牌运营商、从业者都纷纷拥抱线上渠道，但是线下传统渠道仍然具有不可替代的作用，总体上，"线上+线下"渠道的混合使用是当前城市文化艺术实践的重要体现，像数字电视媒体、报纸期刊、电视、广播网站、购物类App软件、微信公众号、手机邮箱、抖音平台、数字协议电视等都成为可选择的传播渠道。

例如，有许多潜在的消费者通过网络观看宣传视频的形式了解城市文化艺术，他们不需要到现场就可以欣赏。线上媒体在继承了传统渠道的视听性功能基础上，扩展了视听性，为消费者提供了更多的功能选择，提高了营销的速度和效率。城市文化艺术的人文景观一度在抖音等平台上吸引了大量人的关注和浏览，通过网络效应让更多人对当地的城市文化艺术产生了兴趣。另外，许多年轻的网民通过互联网软件平台发布、转载、分享相关信息内容，也提高了对非遗文化的关注度，现在的网络上有许多非遗兴趣群，许多网民欣赏完作品之后都可以点赞和评论。在不断完善的营销渠道体系下，城市文化艺术品牌的宣传与推广效应会不断提升，这对于城市文化艺术传播发展无疑具有积极的作用。

城市文化艺术形象建设是一项复杂长期的传播管理活动。对于城市文化艺术形象建设者而言，城市文化艺术形象建设涉及方方面面，包括品牌

标识设计、品牌宣传、品牌战略制定、品牌营销、品牌文化建设、品牌权益维护等一系列活动。城市文化艺术形象建设者是品牌的所有者，依法享有品牌经营中产生的合法利益，依法可对品牌行使使用权、管理权及处置权。品牌参与者范围较广，包括客户、供应合作商、广告媒体商、竞争对手以及与品牌有任何接触的主体。城市文化艺术形象建设的内容很多，包括品牌标识设计、品牌发展战略的执行、品牌文化建设、品牌影响力管理、市场口碑管理等。城市文化艺术形象建设的目标是提高品牌在消费者中的影响力，提高市场竞争力和知名度，提高品牌的自身价值和利益。城市文化艺术形象建设的步骤一般分为品牌识别、品牌延伸、品牌营销、品牌维护四个步骤。品牌识别是城市文化艺术形象建设的第一步，主要对城市文化艺术品牌的目标进行确定，对品牌价值进行确立，为品牌的未来发展奠定基础；品牌延伸是第二步，主要打造城市文化艺术形象建设中包括供应商等合作伙伴在内的品牌利益关系集团，整合品牌发展所需的条件；品牌营销是第三步，主要通过促销、客户关系维护等方式实现品牌资产增值，扩大品牌实力；品牌维护是第四步，包括对品牌战略的优化、品牌架构的调整、品牌文化建设等，旨在提升城市文化艺术品牌整体实力。

我们结合沈阳城市文化艺术形象传播现状可知，沈阳通过文化艺术品牌规划、技术推广、品牌质量监管等行为有效地保护了品牌权益，促进了城市文化艺术品牌健康发展。随着城市文化艺术品牌的逐渐壮大，传播管理中采用的一些行为措施无法适应时代需要。因此，沈阳应通过调整传播管理行为来提高城市文化艺术形象建设水平。

城市文化艺术资源传播管理的重点是针对某地区的优势资源，打造区域文化艺术品牌，提出立足本地、放眼全球的策略，以国际文旅市场为中心，打造区域文化艺术品牌发展的主力，培育城市文化形象的核心竞争力，并使其在全球享有盛名，同时重视文化艺术资源的保护，通过分区分类的形式突出不同地域的风格和文化，调动利益相关者的积极性。沈阳城市文化艺术形象在区域经济发展中有着不可替代的促进作用，可让国家、城市、地区的知名度和竞争力不断提高。沈阳城市文化艺术资源传播管理活动主要从地域范围、使用许可、质量管理等方面高质量地展开，相关传播管理包括城市文化艺术形象推广、技术创新、政策引导等方面。沈阳城市文化艺术形象是指在特定的区域内相关组织机构所共有的，在品牌建立的地域范围、品牌品质管理、品牌使用许可、品牌行销与传播等方面具有共同诉求与行动，可使区域内产品与区域形象共同发展的品牌。沈阳城市文化艺术资源最大的优势是区域优势，每个地方都是一个综合的品牌，所以，城市文化艺术资源传播要由产品竞争向区域竞争转化。沈阳城市文化艺术资源传播管理要充分挖掘当地历史文化元素，并选择核心要素进行表达和传播，从而构建品牌的特质，形成品牌效应。高质量的传播管理活动应当打造一个全域化、全品类、全产业的区域城市文化艺术形象，并通过品牌的不断强化在日趋激烈的市场竞争中占据上风。沈阳城市文化艺术品牌和常规的文化品牌不同，其地域性和公共性特点十分明显。如果把城市文化艺术形象比作一把"伞"，那么品牌就是"伞"下被保护的对象，所以沈阳要重视推广和宣传。

　　沈阳城市文化艺术资源与传统的文化艺术资源不同，它是基于特定区域内文化艺术经营管理者共同所有和使用的一种品牌价值权益。城市文化艺术资源传播管理具有一些特征：一是地域性。沈阳城市文化艺术突出"区域"特征，它是基于特定区域的地理位置、自然条件和生态环境所形成的固定形象。地域性不仅是指物理意义上的地理禀赋，还包括地域文化等人文内涵。地域性是区域城市文化艺术形象的基础，一旦脱离这个基础，区域城市文化艺术形象就失去了品牌根基。二是公共性。沈阳城市文化艺术资源不同于传统的私人品牌，它是政府主导的具有典型公共性的品牌，不仅包含经济属性，还包含公共属性，符合注册资格和要求的企业都可以将产品进行注册申请，申请通过后由政府授权允许使用品牌，享受品牌权益。

第六节　传播管理成果逐渐丰富

一、城市文化艺术资源传播管理路径

近年来，沈阳文旅深化融合日益紧密。文旅产业的繁荣带动了城市文化艺术等在内的艺术产业发展。城市文化艺术资源传播转化方面取得了一系列突破，具体表现在产业模式路径、城市文化艺术产业潜能释放、现代性创新成果转化等方面。

目前，沈阳在城市文化艺术资源产品的普及和推广、现代转型应用、提高产业化生产效率方面取得了一系列成果。城市文化艺术资源产品的普及和推广涉及城市文化艺术资源产品的教育形式，需要大众进行传播、推广以及保护等；城市文化艺术资源产品的现代转型应用涉及文旅产品快速多样化发展，为文旅产品创造流动空间和需求渠道。提高沈阳城市文化艺术资源产品产业化生产效率涉及遵循市场原则，进行批量生产，申请专利，打造沈阳城市文化艺术品牌，定位大众化和高端化市场等。

沈阳故宫和博物馆作为沈阳城市文化艺术的重要创作素材，在文旅产业化模式发展中可以发挥重要作用，可借助文旅活动积极推广具有"在场感"的城市文化艺术旅游体验活动。城市文化艺术与旅游的深度融合可以借助灯光展为游客增强体验感。多彩的灯光色彩可以用来表达情境、刻画情感、营造气氛。在沈阳故宫灯光展上，快速移动灯光或使用闪烁灯光可以营造出一种紧张忙碌的气氛，加上演出者的表演，可使游客身临其境并带动游客的情绪。这便渲染出沈阳故宫现场体验的独特风格和意境，给游客带来更好的城市文化艺术体验。

二、城市文化艺术产品与民族文化融合

城市文化艺术产品与民族文化融合具体体现在传统城市文化艺术与创

作题材的融合、与创作材料的融合、与民族美术的融合。传统城市文化艺术与创作题材的融合涉及沈阳的城市民俗文化、特色城市文化艺术；与创作材料的融合涉及通过桦树皮、鱼皮、剪纸等材料表现沈阳文化特征；与民族美术的融合涉及将满族、赫哲族、鄂伦春族的艺术形式等运用到城市文化艺术创作中。

城市文化艺术作为小众的传统艺术，能够吸引较为细化的传统艺术观赏群体。这种融合方式体现了传播管理逐步走向精细化的过程，城市文化艺术这种带有明确的艺术风格定位的传统艺术，很可能成为今后沈阳城市文化艺术相互融合发展的主要趋势，打造城市文化艺术品牌的高识别度。传播体验是城市文化艺术作品同观众审美意识真正联系、被观众接受的必要形式，它是提高满意度的重要手段，符合客户满意度理论的具体要求。

客户满意度理论是20世纪90年代出现的概念，对现代企业管理经营发展影响深远。客户满意度理论的核心内涵是：企业应当坚持以客户满意度为目标，基于客户视角科学分析需求点，通过提供合适的服务解决需求痛点。客户满意度理论不从企业自身利益出发，或者说不先考虑企业自身利益。客户满意度理论体现了以人为本的中心思想，强调围绕客户心理期望值和实际体验效果进行对比，当客户的实际体验效果低于心理期望值，则代表客户不满意；反之，当客户的实际体验效果高于心理期望值，则代表客户满意。客户满意度理论对沈阳城市文化艺术资源传播具有指导作用，其主要体现为引导沈阳城市文化艺术资源传播管理工作中更好地关注客户满意度，可针对提高客户满意度在产品服务等方面改革创新，指导管理部门采取积极措施，使客户的实际体验效果高于心理期望值。

三、城市文化艺术人才

近年来，沈阳大力培养人才，已经取得了明显的效果，主要针对管理型人才、紧缺专业人才、师资人才进行重点培养。

管理型人才是城市文化艺术传播实践的核心人才力量。一个地区城市文化艺术传播离不开管理工作，尤其是政策制定和执行、市场监督服务等方面的管理人才，很大程度上决定了城市文化艺术传播管理的质量。管理型人才的领导能力、综合素质至关重要，加大培养力度对于振兴城市文化艺术而言具有长远的意义。管理型人才培养主要依靠长期、短期培训的方式展开，采用针对性的培训来提升人才的相关能力。专业紧缺人才也是沈阳当地重点培养的对象。专业紧缺人才包括媒体型人才、艺术类人才、服务型人才等。随着自媒体时代的到来，媒体运营对品牌建设的作用日益明显，如果具备交叉专业运用能力的话，在市场上会更加具有竞争力。沈阳围绕紧缺型人才的培养下了大力气，通过开设城市文化艺术规划与开发等专业课程推动学校教育，为培养相关人才提供了保证，同时在城市文化艺术院校中开设了一大批新专业，这在一定程度上满足了市场对人才的需求。此外，师资人才也是当地重点培养的人才类型。师资力量是教育质量提升的关键，当地通过相关政策鼓励和支持教师到企业锻炼学习，积累实战经验，以使其在教学中更好地传授经验知识，为紧缺型人才的培育奠定基础。

人才培养为城市文化艺术传播管理实践发挥了积极的作用，具体体现在以下几个方面：

一是提升了城市文化艺术管理人员的综合素质。针对沈阳城市文化艺术产业蓬勃发展的大好局面，城市文化艺术管理人员的素质已经无法满足现实需求。通过不断加大教育培训力度，当地已经构建起了高校、大专、中专、职校、城市文化艺术培训中心一体化的城市文化艺术培训体系，形成了可持续的立体城市文化艺术教育培训生态链。不同的培训主体有各自的培训目的和内容，无论是行政需求还是市场服务需求，管理人员都可以找到合适的培训机构参加培训活动。

二是促进了城市文化艺术机构用人制度的日益完善。对于城市文化艺术传播来说，有了人才之后要重点解决吸引人、使用人、留住人的问题。为此，城市文化艺术行政管理部门及相关机构积极营造吸引人才的环境，建立和完善人才引进机制、人才培养机制、人才使用机制等，使各类优秀人才能脱颖而出；人尽其才，并通过奖励股票期权、退休金计划等制度来留住人才，发挥人力资本在城市文化艺术传播发展中的关键作用。

三是健全了城市文化艺术人才培养机制。高等院校改变了原有的教育模式，积极探索适合城市文化艺术人才培养的新模式。在市场引导下，高等院校按照城市文化艺术发展规划和人才市场的需求不断调整和确定人才培养计划。高等院校十分重视学生综合素质的培养，在课程中增加了实践性课程以及实习的比例，突出了职业性和实用性，注重培养学生的创新能力和实践能力，鼓励学生全面发展，还建立了城市文化艺术专业教育实习基地，以促进学生综合能力的提升。

四、城市文化艺术营销环境日益完善

现代城市文化艺术营销环境与传统城市文化艺术营销环境是有区别的。现代营销学之父——菲利普·科特勒说过："营销的核心是交换。"这句话表明了几个要素：一是商品。营销是商品的营销，脱离了商品的营销不存在。二是市场。营销是一种市场行为，是卖家和买家共同参与的市场活动。三是交换。营销是商品交换的市场行为。

随着时代的发展，自媒体的内涵不断扩大，目前大致分为两种：第一种是信息技术。这种说法认为自媒体是指一种信息技术，是传统媒介的信息化。黄升民教授认为自媒体的本质就是技术，自媒体的发展伴随着信息技术发展。第二种是传播功能。这种观点强调了自媒体的传播性质。例如美国《连线》杂志认为"自媒体是所有人对所有人进行的传播"，中国社会科学院研究员李慎明认为自媒体不同于传统媒体，它是一种社会化性质的媒体。自媒体应当是凭借数字技术、互联网技术、移动技术等一系列信息技术对整体社会环境产生全面而深刻影响的信息生态格局。如果从营销环境来看，传统城市文化艺术营销环境是以报纸、杂志、电视、广播等传统媒体为平台的营销环境，现代城市文化艺术营销环境则是以数字化、智能化网络媒体为平台的营销环境。

传统城市文化艺术营销环境支持单向营销，不以消费者需求为营销目标，现代城市文化艺术营销环境支持双向甚至多向营销，以满足消费者需求为营销目标。相较于传统营销环境，现代营销环境下营销手段丰富灵活。传统营销环境所支持的营销渠道是线性渠道，现代营销环境所支持的则是非线性渠道，它打破了物理空间限制。另外，传统营销环境支持的是扁平模式，现代城市文化艺术营销环境支持的是矩阵模式，现代城市文化艺术市场需求定位更精准，客户画像更细致，其营销资源整合以及营销反馈更及时。

目前来看，沈阳城市文化艺术营销环境建设日益完善，体现为以下几个特征：

一是城市文化艺术营销技术先进。随着信息化技术的更新发展，像大数据等一系列先进技术被应用到城市文化艺术营销活动当中，为城市文化艺术营销活动提供了技术支持。当前城市文化艺术营销活动中已经不同程度地引入了现代营销技术，为城市文化艺术营销提供了坚实的技术保障。在大数据技术的加持下，城市文化艺术运营商凭借先进的自媒体营销技术吸引了更多的消费者，在与电商等渠道合作后提高了城市文化艺术营销效率。

二是城市文化艺术营销成本较低。自媒体时代，城市文化艺术营销成本正在逐步降低。相比城市文化艺术营销模式和渠道，自媒体为城市文化艺术营销提供了优势，使营销成本降低。营销成本分为宣传成本、内容成本等不同类型，而这两种成本的下行变化是最显而易见的。从宣传成本来看，AC尼尔森调查公司针对微博营销等活动的调查结果显示，微博能够让城市文化艺术运营商节约40%的宣传成本，与此同时其宣传效率则提升近20%。像微博等新媒体平台具有更强的传播效应，游客在相关平台的注册、使用等都十分便捷灵活，其宣传成本无疑更低。从内容成本来看，自媒体时代传统城市文化艺术营销内容可以是文字，也可以是图片和短视频信息，用户凭借互联网平台可以展示更多的内容，内容也更加全面丰富且灵活多样，例如游客可以通过网络链接了解大量城市文化艺术景点的部分景观，这在无形中提高了信息接收范围，这是传统城市文化艺术营销模式下无法做到的。另外，城市文化艺术营销的广告费、制作费等成本也相对更低。

三是营销模式丰富。随着互联网技术的发展，城市文化艺术的营销模式更加丰富。过去城市文化艺术的营销模式只有线下景点体验一种模式，这种模式能够覆盖的游客群体数量少，体验效果差，不利于城市文化艺术营销活动效率的提升。当前在互联网技术的加持下，自媒体营销模式的推广和应用，为游客提供了新体验，也提升了城市文化艺术营销活动效率。举例来说，"云城市文化艺术"是当前最流行的营销模式之一。消费者可通过手机下单完成浏览观看，整个过程耗费时间短，关注度高。"云城市文化艺术"模式优势十分明显，一方面它能够精准定位目标群体，结合电商大数据分析，可以快速锁定目标人群，实施精准营销，另一方面其互动性较强，线上消费者可以与主播进行交流互动，增强线上体验，提高信任度。另外，像"智慧城市文化艺术"等线上线下融合营销模式也是目前出现的新型营销模式，虽然该模式较为小众，但是颇受支持者青睐，拥有高强度的营销聚力。

五、文旅产业化发展初具规模

目前，沈阳文旅产业化发展已经初具规模，这对城市文化艺术传播管理意义重大。沈阳不断完善文旅产业保护及发展的政策，加大对民族传统文化、现代文创产业的保护力度，从政策层面为文旅产业化发展提供法律依据和支持，同时推动了文旅产业化发展向现代转型。沈阳文旅产业化发展涵盖了教育、人才、市场三部分。沈阳通过有效的政策引导，将城市文化艺术示范区建设、景区创建、人才培养、商业活动等有效对接，让各个产业环节实现融合，促进沈阳文旅产业化发展，让城市文化艺术消费市场和人才市场良性互动，提升了城市文化艺术的影响力和知名度。当地高校也积极进行调研，充分了解文旅产业化发展的短板是什么，为政策的精准化支持提供了依据。

沈阳文旅产业化发展实践按照两个阶段展开：第一阶段是以本土化发

展为主。这一阶段产业发展主体是本土的相关部门及专业团队，他们通过政策引导及拳头品牌推动，在非遗文化传承等重要的项目中进行实践。沈阳加强了大众对沈阳文旅资源的认知，激发了大众对文旅资源利用的参与热情，同时提高了本土文旅品牌的影响力和知名度，吸引了更多人参与进来，更多的人意识到推动本土城市文化艺术资源传承与发展的重要性，为产业化发展奠定了基础。第二阶段采用了国内、国际发展策略。这一阶段沈阳文旅产业化发展是政府、民间团体、国际化团队共同参与，所采用的方式是加强非遗项目的品牌建设，用产业化的思维和机制进行市场运作，通过文创产品、商业演出、国际交流合作、数字传媒等形式扩大了品牌覆盖面，让沈阳文旅产业资源与现代生产模式融合起来，构建新型的产业生产关系格局。相信未来沈阳文旅产业化发展会取得更大的成功。

六、城市文化艺术产品的研发创新取得长足进步

城市文化艺术产品的研发创新取得长足进步具体体现为理论上的创新和实践上的创新。理论上的创新涉及如何以沈阳城市文化艺术资源传播作为新的切入点，通过调研及案例分析，总结出现代城市文化艺术产品的创新开发设计原则、设计策略、设计方法；实践上的创新涉及如何进行景点空间造型的创新、产品工艺的创新、种类样式的创新、思维方式的创新。

城市文化艺术资源结合旅游产业、商业模式研发出来的各种产品具有吸引力，可以以工艺品形式物化城市文化艺术资源的形式美。比如，用壁画装饰来表现博物馆的古朴大气，用3D技术来表现沈阳故宫的典雅和沧桑，用现代灯光电技术来增强盛京大剧院的歌剧厅、音乐厅、多功能厅的艺术造型、结构功能、视听效果等，沈阳通过这些传播途径增强城市文化艺术特殊的表现力和艺术特征。其实还有很多城市文化艺术资源可以去创新和研发，用城市文化艺术传播新方法将其艺术化、具象化。沈阳过去在文旅融合发展中，过于重视用平面的传播方式将特定的城市文化艺术标志物的传播管理现代化，接下来可以进一步探索将传播管理模式标准化，形

成可复制的传播管理方案，在突出城市文化艺术欣赏性的同时增强管理效应。

以博物馆为例，博物馆是传承与弘扬传统文化的重要场所，它能深入挖掘传统文化精髓，举办展览、演出、讲座等，让公众近距离感受传统文化魅力。博物馆也鼓励公众积极参与文化创作，并为他们提供了创作平台和资源支持。无论是举办文化创意比赛，还是开设艺术工作坊，博物馆都致力于激发公众的创造力和想象力，推动新思想、新形式文化表达，丰富群众文化生活，为文化产业发展注入新活力。

博物馆还可促进文化交流，它可积极开展对外文化交流活动，与国际上的文化机构、艺术家建立合作关系，引进国外优秀文化项目，同时能将中国传统文化推向世界舞台，拓宽公众视野，也可提升国家文化软实力。博物馆还注重培养社会公众文化素养和审美能力，它能开展各种文化教育活动，如文化讲座、知识竞赛等，提高社会公众对传统文化的认识和了解，增强他们的历史自觉和文化自信。这些活动有助于提升整个社会的文化素养，推动社会文明进步。

博物馆同样承担着服务社区、服务观众等重要职责，可鼓励社区居民积极参与社区文化建设，为社区居民提供文化娱乐、教育培训等服务，满足他们的精神文化需求。博物馆是社区文化资源集散地，它汇聚了各类文化资料、艺术品和文献资料，能向居民提供便捷的文化获取途径，不管是想了解历史文化，还是想要欣赏艺术作品，博物馆都能满足居民需求，同时能举办各类文化活动，如展览、讲座、演出等，让居民体验文化的魅力，从而进一步丰富他们的精神文化生活。博物馆在传承和弘扬地方文化方面同样发挥着关键作用。每个社区都有其独特历史、传统和文化特色，而博物馆正是这些文化资源的守护者和传承者，它深入挖掘和整理地方文化资源，将社区历史和文化以多种形式呈现给居民，让居民更好地了解和认识自己的文化根源。博物馆还能积极推广地方文化，让地方文化走向更广阔的舞台，为社区文化建设注入活力。

此外，博物馆还是培养社区文化人才的重要基地，它可开展各类文化培训、艺术教育和创作指导等活动，为居民提供学习机会，以培养居民的文化素养和审美能力，激发他们的文化创新精神和创作热情。专业人员的培养是博物馆顺利开展各类活动的关键，博物馆可定期举办专业培训班，邀请专家、学者授课，提升专业人员技能和知识水平。博物馆也可与高校合作，共同培养专业人才，为学生提供实习和实践的机会，同时组织专业人员参加国内外行业交流活动，拓宽其视野，引导他们学习先进经验。

建立激励与评价机制能够激发专业人员的积极性，博物馆要对表现优秀的专业人员给予表彰和奖励，并建立评价体系，及时发现不足之处，为他们提供有针对性的培训。博物馆更能促进社区和谐，它可举办各类文化活动和交流项目，促进居民之间相互了解和信任，丰富居民文化生活，增进他们之间的友谊和合作，增强社区的凝聚力与向心力。博物馆可加强宣传推广工作，采用各种渠道如社交媒体、宣传海报、社区通告等，将活动信息广泛传播给社会公众，也可与社区、学校、企业等合作，进行宣传推广活动，增加活动的知名度和曝光率。博物馆需不断创新活动形式和内容，设计吸引人的活动主题和形式，满足不同年龄段观众的兴趣爱好和需求。为方便观众参与，博物馆可提供多样化参与渠道。除传统的现场参与方式，博物馆还能利用互联网和数字技术，开展线上活动、线上报名等，便于更多人参与。博物馆还应积极与社区和观众进行互动，了解观众需求和意见，根据反馈及时改进活动内容和形式，与社区建立合作关系，共同组织活动，增强社区居民的参与感和归属感。

博物馆要建立良好的反馈机制，及时搜集观众对活动的意见和建议，不断优化活动，提高观众的满意度和参与度。博物馆可以利用先进技术打造线下数字文化体验区，将博物馆馆藏资源以直观、立体形式呈现出来，为受众提供良好的文化体验。例如，采用虚拟现实技术，创建一个古代文化展览，观众可通过穿戴设备身临其境地感受古代文明魅力。这样的体验区能增强观众参与度，还能提高文化传播效果。加强数字化资源的建设和整合也非常关键，博物馆可将历史文献、艺术作品和地方文化特色进行数字化处理，并建立一个在线数据库，为用户提供便捷的搜索和浏览功能，可使观众随时随地获取文化知识。博物馆也可推出在线文化课程，如书法、绘画、音乐等，让更多人能在家中学习和参与文化活动。随着生活水平不断提高，人们对于丰富多彩的文化生活也有着日益增长的需求。文化作为民族的灵魂，其重要性不言而喻。博物馆作为文化资源的守护者和传播者，在这一时代背景下承担着更加重要的使命，既要传承传统文化，又要适应旅游需求，实现与旅游资源的有机结合，发挥更大的作用。

在文旅深度融合的时代背景下，博物馆开展城市文化艺术活动具有多重意义。它能促进传统文化的传承与创新，为当代文化发展提供新的动力与舞台；丰富旅游体验，提升游客的参与感和归属感；博物馆开展的城市文化艺术活动也能丰富旅游产品与服务，拓展旅游市场的广度与深度；这种活动也可促进地方经济与社会的发展，为当地经济注入新的活力与动力；城市文化艺术活动的开展可加强社会凝聚力和文明素养，促进社会的和谐稳定与进步发展。因此，在文旅深度融合背景下，博物馆开展城市文化艺术活动对于推动文旅事业的繁荣发展、促进地方经济社会全面进步具有重要且深远的意义。

第三章　沈阳城市文化艺术资源传播管理的机遇

本章为沈阳城市文化艺术资源传播管理的机遇，从四个方面进行介绍，分别为市场化发展为传播创造条件、城市旅游产业化为传播带来创新空间、展会需求为传播提供便利条件、技术创新为传播提供动力。

第一节　市场化发展为传播创造条件

21世纪的今天，如何才能使沈阳城市文化艺术资源的发展更具持续性呢？市场化也许是问题的关键，有市场才能有恒久的发展能力。从产业的角度来讲，城市文化艺术资源要更有活力，有更大的市场生存能力，走出一条现代化转型之路，应当从以下几个层面进行探索：

第一，要建立城市文化艺术资源产品体系，以打开现代城市文化艺术资源发展市场为必要基础。以产品设计为出发点，要确保产品有较高的艺术性，除了注重形式与内涵，更重要的是在现代艺术的大背景下重新审视其内涵，深入分析消费者的购物行为，研究影响消费行为的文化与社会因素。要分析当前沈阳城市文化艺术资源的种类及调研企业在开发城市文化艺术资源产品时存在的问题，从而有针对性地对传播管理进行创新。

第二，要创新运用传播管理，为现代城市文化艺术资源产品发展开创道路。要多角度全方位地去开发设计沈阳城市文化艺术资源产品，将城市文化艺术元素与现代科技、艺术价值与实用功能、创意设计与市场需求相结合，引导文化创意设计更加紧贴大众生活，更好地发挥沈阳城市文化艺术资源的优势与特长，并将其广泛运用到与人们生活密切相关的各个领域。

第三，要重视优秀城市文化艺术资源，为现代城市文化艺术资源产品的发展奠定良好基础。要从现代文化的新观念、新视角、新思维去审视城市文化艺术资源，并结合现代艺术设计将其转化为新的艺术元素，着重以沈阳城市文化艺术资源为主要出发点，借鉴其他地区的现代文化元素，采用沈阳城市文化艺术资源特有的地域设计和技术，将城市文化艺术市场和大众需求相结合，以包容、创新的多元设计理念，设计与制作符合现代文旅市场需求的城市文化艺术资源产品。

第四，要注重城市文化艺术资源教育培养，为城市文化艺术资源产品发展提供人才保障。要将城市文化艺术资源产品研究纳入人才培养过程，并建立城市文化艺术资源基地。

第二节 城市旅游产业化为传播带来创新空间

要以沈阳地域特色、旅游资源和现代城市文化艺术资源跨界融合为创新点，促进特色文化资源与现代消费需求有效对接。用文旅融合观念下的城市文化艺术资源文化带动沈阳城市文化艺术产业化发展是现代城市文化艺术资源传播发展的必然趋势。"只有更好地结合地域特色进行产业化，才能达到市场盈利，迅速占领市场份额，有效实现城市文化艺术资源产业化发展。作为文化实体的产物，城市旅游在发展过程中势必会受到区域文化认同影响"。所以，沈阳城市文化艺术资源在寻求新的发展之路时势必要考虑区域文化认同，要用区域旅游符号去打造沈阳城市文化艺术资源品牌。

据中国旅游研究院对2022年入境游客的旅游目的的研究，有超过一半的游客是为了了解中国特色文化，而大多数游客都会在旅游纪念品上有所消费，所以要抓住沈阳独有的旅游文化资源，通过载体的形式进行文化传播。"地域文化传播要通过物化的载体，尤其是观念性的精神符号引导同一文化圈内的民众或异质文化圈内的民众形成统一认可过程。"

第一，要创新现代城市文化艺术资源表现形式，将城市文化艺术这种包容性很强的资源作为载体，赋予城市文化艺术资源一种特定的符号。每个地域的城市旅游都具有浓郁的地域文化氛围，沈阳独特的文旅环境给城市文化艺术资源产业化发展提供了多种可能性和强大的可塑性。沈阳城市文化艺术资源通过高校教学和大学生创新创业的形式不断摸索经验、实践创新研究出一系列可表现沈阳城市文化艺术的现代题材漆画作品，在资源的使用上和题材的表达上具有很大的突破性、创新性，传播效果有很强的感染力。

第二，文化认同感。结合沈阳故宫的历史美创新现代城市文化艺术资源表现形式，能吸引更多的文化消费，同理，创新城市文化艺术资源内容形式、融入历史文化，能使消费者有文化认同感，激发消费潜能。因为文化认同会引领人们生活在一个文化体系中，有着相同的文化意识和理想，有着共同的文化理念和符号。文化认同来源于中华优秀传统文化，具有地域情怀和民族印记的文化艺术品更能感染别人，所以，我们在创新城市文化艺术资源产品时要把具有民族文化的符号融入作品中，使其在内容上、造型上、题材上、感官上都能充分体现民族精神和民族文化内涵。同样，文化也需要一个个不同形式类别的载体传播推广和再生发展。

第三，创新性思维与科技的完美结合。在如今快速发展的社会，只有创新性思维还不够，还要有成熟的科学理论和技术人才。

沈阳历来重视城市文化艺术资源服务效果，主要通过优化城市文化艺术资源服务环境、提高城市文化艺术资源效率等举措不断加强传播质量。一方面，沈阳紧抓城市文化艺术资源服务环境，通过甄别资源，利用大数据分析服务需求，为社会提供了差异化、多样化的城市文化艺术资源服务环境，无论是国内群体还是国外群体都可以选择适合自己的环境平台，享受城市文化艺术资源服务。另一方面，沈阳通过优化城市文化艺术资源服务流程，极大地缩短了城市文化艺术资源服务流程，提高了城市文化艺术资源传播效率，同时兼顾了城市文化艺术资源传播管理质量。沈阳在提供城市文化艺术资源服务过程中，始终将传播效果放在首位，以"重效率、重需求"的原则努力为社会创造优质的城市文化艺术资源环境。

服务评价是沈阳始终重视的工作，也是城市文化艺术资源传播管理的核心要素。开展服务评价，有利于客观呈现城市文化艺术资源传播管理的最终结果，总结和分析城市文化艺术资源传播管理中的不足，为城市文化艺术资源传播管理工作改进提供方向。沈阳城市文化艺术资源传播管理评价主要包括社会评价和自我评价两种。社会评价采取网络问卷、短信问答等形式展开，通过选择题、主观题等方式对社会公众进行调查访问、了解情况、搜集反馈意见，是决策的重要参考。自我评价是管理主体内部的评价，包括上级评价、同级评价，它是沈阳城市文化艺术资源传播管理评价的常见形式。通过开展不同形式的评价，有利于提高沈阳城市文化艺术资源传播管理质量。

从公共关系管理角度看，文旅行业从业者加强公共关系管理是满足文旅市场公共需求的重要保障，它可为文旅市场提供精准化的服务，实现供需均衡化。从职能定位角度看，新时代文旅行业从业者的城市文化服务职能内涵发生了重要转变，文旅行业从业者应当顺应城市文化服务市场化发展趋势，为文旅市场提供多样化、多元化的城市文化艺术产品及服务。结合文旅行业从业者需求现状，对文旅行业从业者的城市文化服务职能进行重新思索，必须以文旅市场为中心，创新服务模式，为社会公众提供差异化产品。从供给模式角度看，当前城市文化服务供给模式较为滞后，服务方式无法满足大众需求，不仅会造成供给浪费，还无法实现精准化对接，这与文旅行业从业者的服务理念有直接关系，是导致城市文化服务不均衡、不充分的一大原因。从城市文化艺术服务均等化角度看，沈阳市必须着眼于整体化发展，以提高乡村城市文化艺术服务的质量。文旅行业从业者应当把握城市文化艺术资源传播管理契机，有针对性地提供精准化、均衡化的资源和服务，这是实现均衡化、充分化发展的前提条件。文旅行业从业者作为城市文化艺术服务主体，应当为社会公众提供适合文旅市场特征的城市文化艺术产品和服务，以满足文旅产业经济可持续发展要求。当地政府应当打造新型城市文化艺术试点，促进城市文化艺术资源传播管理高质量发展。从社会责任角度看，文旅行业从业者应当履行社会责任，将以文旅市场为中心的服务理念与社会责任捆绑，避免利润至上导致的供需不平衡、不充分现象发生。

第三节　展会需求为传播提供便利条件

展会与城市文化艺术传播存在天然的融合优势，城市文化艺术资源通过展会方式可以不断提高知名度和影响力，如何结合展会需求促进城市文化艺术资源现代传播转型是当前值得认真思考的问题。城市文化艺术资源产品的开发要继承传统、面向现代、贴近群众、服务生活，集管理与艺术于一身，依托有效的发展策略，以包容、创新的多元化设计理念，构建具有时代特色的城市文化艺术展览发展之路。

将城市文化艺术以展会的形式进行线下及网络推广，可以补足城市文化资源传播链条，扩大沈阳城市文化艺术资源产品的影响力，并以沈阳地域城市文化艺术资源的优势占领展会市场，满足部分受众对展会的需求；设定高端城市文化艺术展会平台，为高端人群提供具有高度观赏性的艺术作品；兼顾大众市场需求，制作质价相符的城市文化艺术展会宣传方案，努力拓展城市文化艺术展会渠道，做到学术性和商业性并行发展。开发沈阳地域特色的城市文化艺术资源产品需要在新资源、新技法、新思路上进行创新。要有强大的研发能力，这是产品的生存之本、发展之源。设备的扩充、办公地点的改造、产品形象店面的建设都是城市文化艺术资源推广发展、壮大必不可少的环节。

要建立国际交流平台，使沈阳城市文化艺术资源产品进行现代转型，并建立沈阳城市文化艺术资源文化生态模式，打造品牌，扩大知名度并被大众所接受。在沈阳城市文化艺术从业者努力下，在各界人士的关注下，沈阳城市文化艺术资源一定能作为沈阳的文化名片传递到全国乃至世界。每个地域都有不同的地域特征和文化资源，沈阳特殊的地理环境为独有的旅游资源产业化提供了多种可能性和可塑性。研究探讨文化资源产业化下美的特征，准确把握文化产业与城市文化艺术资源之间的内在关联，是当前沈阳文旅深度融合发展的基础、途径和目标，对实现沈阳地域城市文化艺术展会规模扩大化具有重大意义。通过展会，沈阳城市文化艺术资源可以以它独特的视觉效果和优势融入城市旅游中，以拓展沈阳旅游纪念品市场。

第四节　技术创新为传播提供动力

城市文化艺术要想持续健康地发展，最根本的是内在驱动力。不同时期，城市文化艺术的发展影响因子不同，这和整个地区的经济发展程度、地区政策导向等息息相关。具体到当前沈阳城市文化艺术资源产业如何能够健康地发展，除了资金、平台，最重要的就是技术创新发展。城市文化艺术目前主要还是依靠传统媒体技术进行传播的，所以培养高素质高修养的城市文化艺术资源传播人才、培养人才的创意创新能力就显得尤为重要了，沈阳还需提高从业者文化修养和文化认同、增强文化自信。独特的城市文化资源、科技创新水平、创新创意能力是传播的优势，需要配合科学有效的管理和运营机制、强有力的资金驱动来保障沈阳城市文化艺术市场竞争力。总之，要抓住沈阳城市文化艺术的独特价值和文化创新优势，深入研究探索沈阳城市文化艺术资源的创新与发展。高质量的城市文化创新能力是基础，只有增强文化创新能力、激发和释放城市文化艺术发展的内生动力，才能真正实现沈阳城市文化艺术资源的有效传播。

随着数字化技术的发展，城市文化艺术资源传播领域迎来了新的机遇和挑战。数字化技术为城市文化艺术资源传播体验和形式创新带来变革，提升了行业效率和质量，具有明显的创新驱动价值。在数字化技术应用过程中，城市文化艺术资源传播顺应了这种趋势，其积极创新突破内容和形式，使城市文化艺术资源传播更加贴近市场需求，形式更加多样灵活，活动举办及效果反馈等流程更加高效，同时受众体验也更加丰富多彩。毫无疑问，数字化技术在城市文化艺术资源传播中具有较大的应用优势。

第一，提升数据信息利用效率。数字化技术的首要优势就是可以提升数据信息利用效率，让城市文化传播信息传输更加便捷快速，这对于互联网时代受众的体验而言至关重要。数字化技术依托先进的编码和压缩技术，在保障信号传输稳定性的基础上，大大提升了画面清晰度和流畅度，而且缩小了数据包容量，由此实现了信号高速传输，这是城市文化艺术资源传播建设中最为基本的性能体现。

另外，数字化技术可以利用高效复杂的算法对信号进行智能化分析，这对于景点的定制化传播服务而言至关重要。随着城市文化艺术资源传播力度不断加大，定制化项目已然成为受众的主流体验模式之一，定制化内容推送和传输更加考验信息的稳定性和流畅度，数字信息处理、高效视频编码等技术的应用则进一步提升了信息利用效率，降低了模拟信号转化速率，避免了信号传输中的噪声等现象干扰，让受众有更良好的观看体验。在信息保存方面，数字化技术也可以提供性能更好的存储体验，这在信息存储质量和成本方面都有极大的优势。

第二，增强城市文化艺术资源传播视听效果。数字化技术可以优化城市文化艺术资源传播视听效果，让受众有更加优质的体验，提高市场竞争力。城市文化艺术资源传播应用可以采用高分辨率视频技术和先进音频处理技术，极大地提高音频的丰富程度，丰富画面色彩的真实性和动态范围，凭借虚拟技术让受众获得更为真实沉浸的视听享受。数字化技术拓展了视听体验范围，这是过去的视听功能无法比拟的，而且受众可以自行在客户端上根据个人喜好进行后期处理，以满足自身的视听需求。受众可以通过添加声音特效、定时、颜色矫正等功能来实现个性化功能服务，让整体的音质和画面效果得到提升。在档案管理方面，数字化技术也可以为受众提供更多的操作空间，受众可以对城市文化传播的内容进行编辑分类分档及缓存处理，不用担心内容丢失或者质量下降，极大地提升了其体验效果。相信随着数字化技术的发展，城市文化艺术资源传播的视听质量会得到进一步提升，进而让受众获得更加优质的综合体验。

　　第三，丰富城市文化传播内容的生成方式。随着数字化技术的发展，其在城市文化传播领域当中的应用范围得到极大拓宽，尤其是在城市文化传播内容的生成上，可以凭借数字化技术延伸节目边界，让更多的好的创意加入。这不仅丰富了城市文化传播内容的表达方式，更符合如今受众的多样化观看需求。凭借数字化技术，城市文化传播制作人员可以打破传统的节目编辑思维，利用多种编辑手段和工具进行操作，充分利用各类视频剪辑工具进行自由的创作，还可以加入许多特效，让城市文化传播内容更加有趣，使其操作起来更加便捷灵活。在网络短视频盛行的时代，要想提高市场竞争力，就必须让数字化技术赋能城市文化传播内容，帮助编辑人员迅速优化和调整节目要素，以此不断适应节目受众新的需求，精准化定位受众群体，根据受众的观看兴趣和行为模式调整节目内容。在数字化技术的加持下，城市文化传播内容可以充分利用数字资产管理系统，建设节目素材资源库，将海量的媒体文件容纳进去，节目制作人员可以在系统里进行检索和分析，这可以极大地节省工作成本，操作起来也更加灵活。

第四章　沈阳城市文化艺术资源发展策略

当前，沈阳城市文化艺术资源传播管理既有机会，也有挑战。本章的主要内容为沈阳城市文化艺术资源发展策略，从以下五个方面内容展开论述，分别为对相关专业人才的需求、传播技术与产业发展的革新、受众需求与评价机制的创新、教育教学方式的创新和城市文化艺术发展的可持续性。

第一节　对相关专业人才的需求

城市文化艺术资源的传播管理对于人才等要素存在多方面需求。沈阳城市文化艺术资源产业化发展应当对人才实施精准化定位，将人才培养与文旅市场需求进一步捆绑，以促进相关专业教育人才职业化的深度互动。沈阳城市文化艺术资源产业化发展强调教育资源的集成性、系统性整合，注重探索人才培养的新模式。针对人才需求，政府应当加大调研力度，充分发挥信息技术优势，打破行业限制，形成跨行业、跨专业的人才需求模式。

沈阳城市文化艺术资源产业化发展应当考虑职业培训需求，尽可能为职业人员的培训提供和创造更多的条件，以满足其职业能力提升的需求。沈阳城市文化艺术资源产业化发展应当突出职业人才需求的精准性，无论是文旅机构从业者还是城市文化艺术资源从业者，培训都应当精准把握需求定位，例如，分析参观者对城市文化艺术资源的兴趣、文旅机构从业者市场发展目标、城市文化艺术资源从业者专业素质能力等，然后针对需求开展有计划的职业培训。沈阳城市文化艺术资源产业化发展应当紧贴实际需求，最大化地满足培训对象的各方面职业锻炼和实训效果体验，当地政府应当通过优化相关培训模式，让培训对象的职业需求更容易得到满足。当地政府可以为培训对象提供不同类型的培训方式，针对不同的培训内容提供适合的培训方法，以提升从业者的素质能力。例如针对文旅机构从业者提供传统艺术方面的相关培训课程，让从业者深刻体会到城市文化艺术资源与旅游产业之间的契合性，自觉推动传播管理发展。

第二节　传播技术与产业发展的革新

在互联网技术支持下，智慧旅游、旅游信息化等观念在产业中生根发芽。所谓智慧型管理是借助新一代的物联网、云计算、泛在感知等信息技术，打造物联化、智能化、感知化、信息化的新兴管理模式。沈阳城市文化艺术资源产业化发展离不开互联网技术的支持，这也标志着传统的管理机制向智慧型、科技型管理机制迈进。在沈阳城市文化艺术资源产业化发展中，具体的管理应当实现信息共通、共享，打破管理信息孤岛，实现管理要素整合，节约管理成本，同时促进管理的自动化、个性化发展。在沈阳城市文化艺术资源产业化发展中，管理决策、执行、评估等一系列活动要素都能够在互联网技术支持下变得更快，信息接收和反馈也更加迅速。

沈阳城市文化艺术资源产业化发展应当重视对城市文化艺术资源的开发利用，加强对相关资源利用的定位。在当前传播管理背景下，城市文化艺术资源提供者从单一主体过渡为多元主体。

沈阳城市文化艺术资源产业化发展应当重视资源利用渠道建设，从"线下"渠道转化为"线下+线上"渠道。在互联网技术加持下，沈阳城市文化艺术资源会更加多元，冰雪旅游等资源无论是数量还是质量都有了极大的提升，各类丰富的城市文化艺术资源都可以为产业发展所用。

值得一提的是，沈阳城市文化艺术资源产业化发展必须重视资源载体建设，应当加快从文字载体转化为多元载体的速度。在相关部门的支持下，沈阳大力推进多媒体合作平台建设。虽然多媒体融合可以促进沈阳城市文化艺术资源整合，但是考虑到沈阳当地媒体规模较小、媒体传播能力有限，沈阳可以通过相关部门牵线，推动多个新媒体开放合作的平台建设，实现合作共赢。这样做的好处是可以让沈阳城市文化艺术资源的利用成果得到进一步巩固和推广，并且积极利用合作方的技术成果优势，进一步帮助多媒体融合，促进沈阳城市文化艺术资源的开发利用。找准多媒体定位，就是要结合沈阳城市文化艺术资源利用需求，形成多媒体数字化转型联盟，发挥握指成拳的合力。

沈阳城市文化艺术资源利用可以和一些科技公司展开深度合作，利用科技公司的前瞻性理念以及成熟的多媒体平台技术优势，实现互通有无、合作共赢的目标。沈阳城市文化艺术资源利用要将科技应用纳入多媒体服务体系之中，向旅游领域的小微企业等科技薄弱的群体和领域进行多媒体技术输出，以提高旅游媒介服务的科技含量，同时提高媒体传播等多重效益。科技是强大的生产力，找准多媒体定位是提升沈阳城市文化艺术资源利用效率的有效方式。

数字化技术的发展在为城市文化艺术资源传播应用带来机遇的同时也存在挑战，数据信息的快速生成和传输涉及隐私问题，有许多内容都属于用户敏感信息，如互动数据、个人观看习惯及行为模式等。因此，数据信息传输的过程也要加强保护，注重数据信息的安全始终是城市文化艺术资源传播应用的重要管理内容。

一方面，相关数据信息涉及存储、生成、传输和使用等不同环节，每一个环节都有可能存在安全隐患，都有可能被非授权访问和泄露；另一方面，数据信息安全面临着很多方面的挑战，例如系统漏洞、恶意软件等都有可能造成数据信息的损失，给城市文化传播行业带来不可估量的风险。如何打造安全的数据风险管理系统是未来值得探索的问题，既要保障数据信息的透明度和稳定度，同时要保障用户信息的安全私密性。数字化技术让城市文化艺术资源传播应用得到快速发展，尤其在资源和平台分配方面更加高效。随着数字化技术发展，城市文化传播资源和平台已经拓展到线上，海量的网络资源、移动设备平台都可以被合理利用，为城市文化传播内容生成、编导及报道服务,以确保内容能够在不同平台间无缝对接,实现全面覆盖和最大化利用。

城市文化艺术资源传播应用发展涉及技术、人力、财务等资源,我们通过数字化技术可以将这些资源进行整合,其兼容性更强,还可以将不同技术特性的资源有机衔接,保证其有效运行。像高清视频节目的制作过程,需要考虑到不同客户端的显示标准差异以及带宽限制等问题,在分发中需要将这些技术问题都统一解决,让不同的受众都能够接收到高质量信息。又如在人力资源方面涉及不同平台间的融合,因此需要不同的专业人才共同合作才能保证城市文化艺术资源传播的有效运转。

在数字化技术高度发展的今天,在一个多元化的媒体发展格局中,城市文化传播内容的制作和分发成本也逐渐上升,如何降低这些成本,让各项资源得到最充分的利用,让资源利用效率最大化,迅速响应市场变化和用户需求的变化是未来值得我们探索的问题。随着数字化技术发展,城市文化传播内容的版权管理问题日益凸显。如何加强版权管理,使其不断适应新媒体发展趋势值得深思。数字化技术让城市文化传播内容的制作和传播方式得到创新发展,在此背景下,许多节目的版权管理难度加大。数字化技术让城市文化传播内容的分发传播更加便捷,因此要将数字水印技术、版权信息与版权管理有机结合,在不影响受众体验的情况下加强版权保护质量,让版权管理与时俱进,通过多方协同合作等方式不断完善城市文化传播内容版权保护机制,这样才能有效地应对版权管理的挑战,顺应城市文化艺术资源传播应用的发展趋势。

第三节 受众需求与评价机制的创新

沈阳城市文化艺术资源传播应当重视消费市场的评价及趋势,赋予沈阳传播管理发展新的内涵,促进消费市场评价的创新。消费市场评价及趋势定位是衡量传播管理质量的重要参考,通过认真评价消费市场现状,精准化把握发展趋势，才能真正驱使沈阳城市文化艺术资源产业化健康持续发展。

根据当前沈阳文旅消费市场现状分析，消费市场评价依据的选择变得更多了，在传统传播管理质量评价中，评价依据较为单一，只能搜集结构化数据进行评价，这样无法全面准确地反映出融合水平和融合质量。

在沈阳城市文化艺术资源产业化发展中，传播管理质量评价的依据更丰富和全面，不再局限于结构化数据，我们可以轻松且全面地搜集评价信息，对产业链情况、产业人才储备、产业综合素质等方面的数据进行量化统计，并将融合过程、发展情况等指标纳入评价体系当中，拓展传播管理质量评价功能，促进评价依据的科学性发展。消费市场评价及趋势定位为传播管理质量评价活动科学化、全面化提供了机遇。

消费市场评价及趋势定位应当提供构建以参观者综合体验为中心的评价体系的条件。评价指标不仅包含城市文化艺术资源的历史知识点的记忆，还包含历史思维、人文情感、文化自信等不同内容。消费市场评价及趋势定位为文旅产业融合质量评价带来了机遇，也为参观者的综合体验情况评价奠定了体系基础。

近年来，沈阳文旅项目屡次获得文旅营销大奖，这也为构建以参观者综合体验为中心的评价体系创造了良好的机遇。沈阳通过利用大数据技术平台，让传播管理质量评价更加科学准确，更贴近文旅产业发展的现实需求。另外，互联网的开放性和互动性缩短了评价时间，节省了评价成本，提高了评价的透明度。在互联网技术平台的加持下，相关评价不再局限于单一的评价方式，这使得评价效果更加全面，更贴近客观情况。

传播管理质量评价主体是相关部门管理者，在当前背景下，参观者也可以成为评价主体，他们的评价权重不断攀升，已经成为评价活动中的重要主体。从现状来看，传播管理质量评价的工具应用的便捷化也是需求之一，传播管理质量评价应用工具和应用范围得以拓展，管理者可以通过"云旅游"等互联网平台开展调研，在短时间内就可以完成评价活动。

一些旅游从业者也在开发相关的应用工具，通过应用工具构建起参观者的消费模型，从而为评价活动创造优良的条件。另外，教育教学是沈阳城市文化艺术资源产业化发展中离不开的要素，教育教学可以带来理念创新和实践创新，从而提升传播管理发展的科研内驱力。

第四节 教育教学方式的创新

目前，沈阳许多高职院校相关专业极为重视教育教学方式的创新，重视文旅的科研主动性的提升。随着城市文化艺术资源产业化发展的深入，教育教学需求更加明显，城市文化艺术资源产业化发展更要精准定位，让传播管理质量成为科研的主要方向。在精准定位需求基础上，沈阳要重视教育教学方式的创新探索，积极探索学科项目式新形态，聚焦"让传统艺术真实发生"，开展"教与学"结合、"动手与动脑"结合、"课上与课下"结合、"校内与校外"结合的科研新模式，以此提升传播管理主动性，挖掘文旅科研内驱力。对学生而言，相关专业人才培养要符合立德树人的根本要求，将理论知识、实践能力、道德素养、职业发展等诸多需求融合起来，满足现代文旅产业化发展对人才培养的需要，积极推动课外的实训实践教育活动，增强学生对职业岗位的认知和热爱，当然也可以激发学生的传统艺术学习内驱力。

第五节 城市文化艺术发展的可持续性

参观者到沈阳故宫、博物馆等场所，体验各种城市文化艺术产品，现已成为一种大众休闲娱乐方式，文化艺术展会活动已不再是纯粹给参观者以视觉层面的浅层享受，同时不断为参观者提供深层的多重体验，其可在此过程中带动周边产业的整体发展。城市文化艺术的界定是依托文化元素衍生而来的复合型艺术体验活动。城市文化艺术是一种时间上可持续存在、参与后可反复体验的休闲方式，参观者可在场对文化本体进行解读，由此形成一种对文化产品的兴趣，通过消费等互动完成市场行为。

随着经济的发展，享受型消费在人们的消费中越来越重要，同时刺激了城市文化艺术产业的复合型功能。城市文化艺术具有大众化等特点，它已成为现代人群追求的新的娱乐体验。城市文化艺术活动越来越多地代表了大众对于城市文化艺术的认可度逐渐上升。

一、发掘城市文化艺术资源

城市文化艺术资源拥有丰富的文化内涵和艺术价值，它与管理融合后会吸引具备这种需求的参观者参与进来，在接触城市文化艺术资源的同时实现自我艺术品位的提升。城市文化艺术资源作为传播中"说服力"较高的艺术品类，被广泛认为可以满足参观者既想获得休闲娱乐功能，又想获得高品位享受价值需求的一种体验项目。它能通过文化性和商业性的融合，让参观者在展会中发掘城市文化艺术资源，体验城市文化艺术资源乐趣。

二、城市文化资源与文旅融合

旅游是一个集体活动，它将来自不同地方的人群集中在一起，给人们提供难得休闲与放松的机会，这恰恰展现出参观者对传统文化的审美喜好。城市文化艺术资源作为传统艺术的代表之一，涵盖了历史、技艺、美术等多种文化景观，形成了在特定空间中现场传播、氛围体验的文化形式。它可以被看作一种狂欢节或"乌托邦"，大多围绕历史文化展开，从而迎合参观者对高品位艺术的需求，成为人们释放压力的出口。这种重要的体验可以使人们通过追求感官的短暂性欢愉获得快乐，排遣寂寞。

城市文化艺术的休闲娱乐功能是传播的竞争力之一。尤其是文旅以一种全新的休闲风格为参观者的娱乐体验找到新的出口，符合参观者的多元化需求，是时代的重要消费文化符号。随着中国经济的不断发展，相关部门意识到我国户外文化休闲体验进入了一个全新的阶段，许多城市为了提高当地经济收入，打造区域旅游品牌，强化城市文化软实力，把文旅活动当成新的创新经济发展的契机。虽然文旅活动的发展显示出了较强的势头，但是其背后也有一些发展的不足，这就要求其强化文旅品牌，规范市场运作，实现国内文旅产业又好又快的发展。

作为文旅项目出售的核心"产品"——城市文化艺术资源，可以提高文旅活动的辨识度。

文旅活动作为一种大型的体验式休闲娱乐活动，一定要营造出一种迥异于日常生活的节日氛围，参与者来感受传统文化魅力，相关部门要为他们提供一个自我学习、自我提升的机遇。

文旅活动中开放的环境决定了参观者的参与方式，欣赏城市文化艺术资源过程没有座位的分级和约束，所有参观者都能够在同一个环境之下与城市文化艺术资源进行互动。所有城市文化艺术资源的元素可在现场被传播、被感悟、被体验，参观者最大限度地融合在一起，让人觉得没有障碍的阻隔并沉浸其中。因此，城市文化艺术资源体验作为传播管理的一种方式，要让参观者在休闲娱乐体验中感受到其中的艺术魅力，这是沈阳传播管理的竞争力之一。从传播路径的角度看，城市文化艺术资源在旅游项目中需要建构一个鲜明突出的品牌形象，这样才能维持与参观者之间的连续性与稳定性。沈阳通过城市文化艺术资源品牌的外部表征、内涵的文化表现以及对品牌的认知、品牌态度及品牌忠诚度的不断提升，最终在参观者脑海中形成了整体印象和感知。

城市文化艺术的在场感是文旅产业发展的竞争力之一。参观者在参与到城市文化艺术传播管理时能真切感受到传播管理所带来的多种感官体验，这种体验可以从制作的互动及品牌的形象等角度进行具体阐释。从20世纪中叶起，社会学、民俗学及人类学等相关学科开始对"互动"理论进行研究，随着研究的深入，其逐渐成为相关学科研究的重点话题，并开始扩展到艺术学、管理学等相关学科，成为相关学科及研究领域最具活力和影响力的理论和方法。在共同组成的公众结构中，所有的参与者构成了一个共同的在场，并在共同的在场中进行共同互动体验，使体验活动能够顺利地进行。首先，作为一种体验过程，城市文化艺术传播管理需要特定情境和特定的环境；其次，体验是一种多情境的共同在场，具有现场性的特征，城市文化艺术传播管理的过程需要各种因素的共同参与和塑造；最后，城市文化艺术传播管理具有即时性和创造性的特征，这些特征进行体现的过程强调体验的独特性和体验相关者的关系。

三、提高城市文化资源艺术体验

在传播管理中，城市文化艺术体验是一个比较热门的概念。一是体验相关，如动作、技术、流程及参与等；二是指示或叙述，表示执行或做了什么。作为一个复杂的概念，体验在人类学、语言学及戏剧研究等相关领域中已经被广泛地使用，也取得了相对丰富的研究成果。"人类文化基础性存在的天然模式、经典模式是音乐的体验性。这种通过体验形成的音乐，是活生生的文化，是充满人气的人性化艺术，是运动性的艺术，是在场所基础上不断发展创新的艺术。"城市文化作为艺术，同样也具备体验的在场感，让参观者积极参与进来是为了满足参观者对城市文化艺术这种休闲娱乐需求，参观者通过参与可以感受到城市文化艺术产品中最质朴、本真的味道。通过邀请知名度高的城市文化艺术家、产品家，沈阳可以利用他们具有的影响力与号召力，这对文旅活动前期宣传会起到很大的作用，其优势在于能将城市文化艺术传播普及到参观者中，更容易拉近参观者与城市文化艺术产品的距离，从而营造更好的传播活动氛围。

在文旅项目活动中，可以将城市文化艺术资源创作舞台搬到室外，以自然实景为舞台，运用蓝天、白云、湖水、花木等自然景观加上舞台设计材质的选择、背景布局的构思，利用电子屏幕或现代高科技传媒手段丰富城市文化艺术资源创作舞台背景的特效，使用虚拟、即时的景观互动，巧妙地使其与城市文化艺术资源相结合，可以创造出情景交融且独特创新的场景，从而向参观者传递自由、快乐的音乐态度。舞台服饰造型指的是城市文化艺术资源创作中不仅靠阵容、灯光、布景来烘托整体创作氛围，舞台造型也非常重要。参观者会通过造型对城市文化艺术资源创作产生最直观的印象，所以根据现场不同的风格、情境要求，城市文化艺术资源创作者要对创作内容的材质、造型、颜色等进行匹配。一个好的漆具造型能在很大程度上帮助参观者理解城市文化艺术资源，从而增强参观者的体验感。

以特定城市文化艺术制作的城市文化艺术产品，融入旅游项目中，可以为公众提供相似的旅游在场体验。城市文化艺术资源作为较小众的传统艺术，能够吸引较为细化的传统艺术观赏群体。这种融合方式体现了文旅市场逐步走向精细化的过程，城市文化艺术资源这种带有明确的艺术风格定位的传统艺术，很可能成为今后沈阳传播管理发展的主要趋势，它不但可以打造文旅品牌的高识别度，还可对培养某一参观者群体的市场发挥积极的作用。

城市文化艺术资源在传播过程中不会产生太多新的变化，但在城市文化艺术资源节的现场展示当中，城市文化艺术资源在被展示的同时不断被进行着各种二次创作。旅游体验者的状态不同，展示的时间、环境以及面对的听众不同，决定了每次呈现的城市文化艺术资源也不尽相同。城市文化艺术资源在不断的"被创作"之中，既保持着其生命力，也使旅游体验者和城市文化艺术资源管理者在旅游体验的过程中有动力去不断精进自身技艺。旅游体验的现场可能会出现失误、瑕疵，对作品的呈现不一定完美，但这正是城市文化艺术资源现场表演的魅力所在。

城市文化艺术资源的管理者要做到准确而真实地表现城市文化艺术资源中的情感、意境和韵味，这就需要他们具备专业的管理素养。由于参观者的文化水平、艺术修养及审美趣味都不尽相同，作为城市文化艺术作品的管理者，除了要具有专业的城市文化艺术修养，还要带动现场参观者的情绪，将自由、快乐的艺术态度传递给参观者。

情境是参观者与城市文化艺术资源互动的起始条件，而场地在情境之中。在户外旅游中，城市文化艺术资源展示的场地设置最大的特点就是开阔，一般选择开放的、整体的、高度自由化的城市文化艺术资源体验空间。这种独特的城市文化艺术资源体验场所能够使城市文化艺术资源的管理者与参观者实现即时互动，让参与者最大限度地作出包括身体、声音的即时反应。城市文化艺术资源体验互动包括参观者与城市文化艺术资源的管理者之间的互动行为，由于现场的环境因素，当参观者与城市文化艺术资源的管理者的互动达到一种"精神的狂喜"状态时，城市文化艺术资源的管理者之间的互动行为必然会对城市文化艺术资源的本体及其情感控制产生影响。在户外旅游中，城市文化艺术资源体验者会在体验不同的城市文化艺术资源过程中与自身形成互动，这对参观者来说是一种独一无二的娱乐体验。

城市文化艺术资源发展，需要资源整合、技术创新、评价机制完善等多个维度的共同努力方能实现目标。唯有如此，方能让城市文化成为市民精神生活的丰沛资源，成为城市参与全球竞争的独特名片。

第五章　沈阳城市文化艺术资源传播管理的意义

本章为沈阳城市文化艺术资源传播管理的意义，从以下四个方面内容展开论述，分别为促进区域文化艺术资源向传统回归、促进城市文化艺术繁荣发展、满足新时代艺术审美要求、发扬新时代文化艺术精神。

第一节　促进区域文化艺术资源向传统回归

随着人们审美力的提高，城市文化艺术也必然要经历一场革新。区域文化艺术除了具有文化属性，还具有经济属性。试想一下如果艺术作品没有任何经济属性，那么未必会有人去欣赏和收藏它。假若某个城市文化艺术景区不能创造市场经济价值，恐怕也不会有管理者会花大力气去开发和利用。城市文化艺术随着经济的发展、制度的完善、对传统的回归意识的增强而受到新的关注。这里所说的"回归"，并不是说回归到古代的城市文化艺术制作理念等，而是说要达到一种心态，就是要让城市文化艺术回归到我们的生活当中去，特别是要回归到我们的现代生活当中去，从这样的切入点出发，对城市文化艺术进行多元化、现代化的设计和应用，这是更加正确的做法。

随着 21 世纪的到来，人们对生活的需求以及对生活质量的高要求都在发生着相应的变化。城市文化艺术应开发成多元化的商品，以满足现代人在精神和物质上的需求，迎合市场的需求。如果给沈阳城市文化艺术资源一个回归的空间，多元化的城市文化艺术就有了脱胎换骨的可能。

第二节　促进城市文化艺术繁荣发展

城市文化艺术的现代发展，对推进城市文化艺术种类繁荣发展发挥了重要作用，尤其在文化艺术功能、文化艺术价值等方面作用明显。

第一，在传统研究视域中，城市文化艺术资源与文物考古的界限并不清晰。随着学者研究的不断深入，城市文化艺术资源理论的研究对象和内容逐渐表现出独立的性质，城市文化艺术资源与文物考古的界限也日益清晰。比如，现代城市文化艺术资源研究的对象很广，不仅包括艺术美，还包括科技美、自然美等；而传统的理论研究则以历史视角对城市文化艺术资源展开研究，并不参照特定的自然或科技对象。当前对城市文化艺术资源的研究除了历史意义上的城市文化艺术资源，还有城市文化艺术资源的自然美、社会美、科技美。

第二，城市文化艺术的发展进一步阐述了艺术学科的研究意义。艺术学理论基于艺术实践，对艺术创作、艺术批评具有积极的指导作用。从艺术创作角度看，城市文化艺术的现代发展在宏观上突出了艺术学科具有共性特征，对特殊性的艺术门类具有普遍指导意义，虽然不同类型的艺术门类各自有不同的艺术创作特征，但是总体上看具有普遍性。从艺术批评角度看，城市文化艺术资源等艺术形式的现代发展，可以促进中华民族自身富有特色的城市文化艺术传播理论的发展，诸如基于中华美学精神的批评理论、基于马克思主义文艺思想的开放式批评理论，强调说真话、讲道理、言简意赅、凝练节制的艺术批评原则。因此，城市文化艺术资源等艺术形式的现代发展，客观上对艺术学科建设的价值导向、体系完善具有积极的功能。

城市文化艺术资源等艺术形式对于城市文化艺术传播意义重大，不仅涵盖了历史、美术、社会、音乐等学科，并对其进行了从宏观到微观、从一般到特殊的阐述。城市文化艺术的发展可以推动城市文化艺术传播功能的细化，促进其产生诸多的交叉功能和分支功能。以城市文化艺术的传播内容为例，可以细分为文化传播、社会传播等，这些交叉和分支功能是对艺术资源管理的进一步扩充，也是艺术传播理论的独特形式呈现。总体上城市文化艺术资源等艺术形式的现代发展，对城市文化艺术传播管理建设的推进意义重大。

第三节　满足新时代艺术审美要求

沈阳地理位置优越、资源丰富，长期以来利用资源优势积极推动城市文化升级，带动了当地城市文化产业快速发展，取得了一系列成就。目前学界对城市旅游的研究在宏观层面开展得较多，专门针对具体区域的城市文化层面研究甚少。无论从政府视角还是经济文化视角，理论研究都过于宽泛和宏观，缺少微观视角。如果结合沈阳故宫、博物馆等文化艺术载体进行研究，对于加快当地城市文旅结构调整优化，培育新型城市文化产业，促进经济社会可持续发展，提高就业水平，扩大内需，同时为满足沈阳当地群众日益增长的文化需求，具有重大作用。

新时代艺术审美实践中，城市文化艺术对促进艺术审美发展具有根本性作用，在学校、社会教育中不同程度地发挥直接或间接功能。沈阳城市文化艺术资源现代化转型发展是在素质教育全面推进的背景下形成的重要教育改革目标，也是衡量素质教育推行成果的重要体现。

从美育模式和内容角度看，城市文化艺术资源现代化转型发展可以推动探索新的艺术审美模式，丰富美育内容，对现有传统文化知识结构进行优化，以此适应学生的真实需求及社会对人才培养的需要；从学生的主体学习角度看，城市文化艺术资源现代化转型发展能够激发学生的学习积极性，培养良好的学习态度和学习策略，锻炼学习思维，使学生的综合学习能力得到提升；从学生的成长角度看，城市文化艺术资源现代化转型发展要求在保证学生理论知识学习的基础上还要注重艺术素质培养；从学生的学习过程角度看，城市文化艺术资源现代化转型发展要求学生具备一定的艺术创新意识和能力，既要动手也要动脑，最终满足立德树人的根本教育要求。

沈阳城市文化艺术资源现代化转型发展背景下，艺术审美迎来了新的发展机遇。城市文化艺术作为陶冶情操、促进智能发育、提升审美鉴赏能力的内容，对综合素养提升具有重要作用。因此，基于城市文化艺术资源现代化转型发展视角探讨如何加大艺术教育改革，让艺术学科与综合素养实现深度捆绑，能够促进艺术审美持续发展。艺术审美不仅体现在艺术文化知识和技能当中，还体现在学习的过程和体验当中，围绕沈阳城市文化艺术资源现代化转型发展目标，艺术教育势必会更加重视学生的自主学习能力、鉴赏能力、创造能力、想象能力发展。艺术教育是符合全面发展素质教育要求的，需要不断优化和完善，切实发挥艺术教育的价值和作用。

艺术审美作为帮助人全面发展的核心要素，是教育战略的意志体现。城市文化艺术资源作为传统文化艺术的有机组成部分，参与到高校艺术审美工作中，通过教学实施，对提高艺术审美质量的作用是不言而喻的。一方面，城市文化艺术类课程作为纯理论课程，它总结提炼了世界前沿的传统艺术研究理论成果，对科研工作产生积极研究价值，进而在构建高校艺术审美科研机制中发挥重要功能；另一方面，城市文化艺术不仅是纯理论，还具有很强的实践性和操作性，对于提高艺术审美综合能力具有重要功能。

城市文化艺术类课程虽然是面向高等院校的专业课程，但是对社会艺术审美也有间接的推动作用。艺术概论等课程中涉及诸多传统文化艺术内容，面向的对象是未来从事专业艺术的人才。这类人才未来从事社会艺术工作，能满足社会各行业对艺术的需求。在艺术审美背景下，传统文化艺术类课程是专业艺术人才的必修课程，是奠定艺术人才掌握艺术理论基础的重要课程，有了扎实的艺术理论才能更好地进行艺术创作实践、服务社会、陶冶大众，这本身就是一种艺术审美的促进。另外，对公共艺术课程而言，城市文化艺术类课程面向的是更广泛的群体，通过课程教学，提升他们的整体艺术修养，包括艺术认知、艺术接受、艺术创作、艺术鉴赏、艺术批评等，加强"真善美""知情意"的人文熏陶，提高内心修养，未来从事任何工作岗位都能够展现出新时代的青年面貌，带动整体社会精神风貌建设，间接促进大众艺术审美、消费等升级，实现社会美育质量提升。

城市文化艺术虽然不直接作为中小学艺术审美的专门课程，但是对中小学艺术审美实践起到了基础性的指导作用。中小学生可以在欣赏诸如城市文化艺术资源等文化艺术的过程中，初步了解传统文化艺术的面貌，而且中小学艺术审美实践可以根据自身定位和需求选择合适的内容指导实践活动。例如遵循小学生对外界感性事物充满好奇的心理特点，选取传统城市文化艺术图片和视频，结合文物考古的纪录片，建立初步的艺术认知。又如艺术鉴赏课程中，让学生从城市文化艺术作品的外形入手，逐渐过渡到艺术作品的思想内涵，不知不觉地提升艺术鉴赏水平，这对于促进中小学艺术审美实践作用明显。

第四节　发扬新时代文化艺术精神

城市文化艺术蕴含着丰富的价值内涵和精神养分，通过有效的运用能够为新时代艺术发展贡献力量。作为培育社会主义艺术观的重要渠道，应当将培育和弘扬新时代艺术观作为重要目标，强化和巩固新时代传统艺术复兴观念，有利于塑造健康向上的新时代艺术发展格局。

艺术从来不是孤立的，而是人类劳动创作的结晶，艺术的本质是生产劳动的另一种形式。如果从艺术角度出发，了解城市文化艺术资源对正确确立世界观具有促进作用，从而能够科学把握艺术发展规律。另外，城市文化艺术资源能够培育正确的艺术价值观，接受艺术价值观洗礼对于未来承担民族复兴的重任有积极的作用。学校教育通过科学、翔实的理论阐述，提供了全面的研究维度，更客观、理性地把握艺术发展规律以及艺术创作本质，从艺术中汲取精神养分，领悟到艺术中所包含的"真善美"，将其化为自身的精神食粮，从中体悟到艺术与生活、艺术与社会的内在关联，成为提升自身艺术理论修养和操守的重要基石。

通过传统艺术教学改革可以引领相关学术实践活动发展，围绕传统艺术基础课程模式创新目标,发挥传统艺术育人优势,推动学术实践的理论深化,总结既有的学术经验,形成一批超前的学术成果,最终让学术实践向高水平迈进。城市文化艺术资源融入实践有利于形成全员参与的城市文化艺术教育体系,统筹和整合教育及社会资源,调动学校、社区力量,推动建立从学生到家长、从教师到专家的全员参与机制。形成全过程的传统艺术教育模式,积极探索传统艺术教育创新模式,最终构建协同推进的教学模式方案,明确艺术教育发展路径,充分激发传统艺术的内生动力,打造多方联动、开放高效、富有活力的艺术教育新模式。还可以创新关于城市文化艺术的传统艺术教学方式,结合信息化教学技术成果优势,建立新时代 5G 互动课堂,开创艺术教育实践新方式,强化服务传统艺术育人能力。最后有利于完善传统艺术教育评价体系,改变当前单一的评价工具,推动他评、自评、互评、匿名评、线上评等混合评价方式在教学各个环节中的应用,让评价效果更加全面、综合。例如通过手机 App、微信小程序将课程内容、教学方案等上传到大数据平台,组织师资库专家进行科学评价,这样的评价结果更加准确和有效。

  当前艺术教育教学改革中,基于沈阳城市文化艺术资源现代化转型发展背景,可以让改革的目标、方向及内容方法更加具有科学性、反思性、操作性,将艺术教育与传统艺术深度融合,形成有效的本土化的改革实践框架。具体看,基于沈阳城市文化艺术资源现代化转型发展背景,能够拓展传统艺术专业课程的视野,促进传统艺术基础人才的全面发展,加快传统艺术基础专业人才培育模式的改革,构建符合立德树人根本任务要求的育人模式。基于沈阳城市文化艺术资源现代化转型发展背景,能够推动艺术人才培养模式创新与国家传统艺术整体职业规划进行对接。另外,能够优化传统艺术教育评价体系,让评价体系能够有效地体现文化自信,将文化自信与教学深度融合,为育人路径改革提供更加有针对性和方向性的评价依据。

  城市文化艺术的现代传播可以对外展现新时代中国艺术发展成果,对世界艺术发展也产生一定积极影响,对繁荣艺术市场、促进艺术消费、推动艺术交流产生重要作用。城市文化艺术资源等艺术形式作为世界传统艺术的一部分,它的创新发展自然也是世界传统艺术现代化转型的重大跨越,丰富了世界传统艺术遗产内涵,扩充了世界传统艺术研究的维度,为世界传统艺术创新发展提供了新的思路。实践证明,城市文化艺术的现代传播发展道路是中国特色的艺术传播道路,具有鲜明的中国特色,是建立在本土艺术传播理论基础上,广泛汲取国外传统艺术发展经验融合而成的实践成果,成果之间的交流可以不断传播分享,形成更广泛的共识。

城市文化艺术资源等艺术形式的现代发展展现了中国现代艺术发展成果,为世界提供了先进、丰富的经验。随着中国精神文明建设的不断深入,一系列优秀的传统艺术创作成果涌现出来,为社会提供了丰富多彩的艺术财富。在世界经济全球化的背景下,各国积极参与艺术的交流与对话,艺术承担着文化交流与对话的重要功能。艺术与消费的联系愈加紧密,创意产业、数字艺术产业等一系列新型艺术门类成为市场的"宠儿",对艺术市场的繁荣、艺术消费的发展、艺术交流的推动产生了重要的作用,一定程度也代表了文化艺术软实力。这一切离不开科学有效的传播管理。

第六章 沈阳城市文化艺术资源的传播与可持续性发展

城市文化艺术资源的传播管理是一项综合性的系统工程,它涉及资源的挖掘、整合、推广、保护以及创新利用等多个方面。有效的传播管理不仅能提升城市的文化影响力,还能促进文化产业与旅游、教育、科技等领域的深度融合,为城市的可持续发展注入新的活力。本章的主要内容为沈阳城市文化艺术资源传播管理的价值,从以下三方面内容展开论述,分别为城市文化艺术资源中的文化价值、城市文化艺术资源中的社会价值和城市文化艺术资源中的产业价值。

第一节 城市文化艺术资源中的文化价值

沈阳城市文化艺术资源是全社会共同创造的珍贵的文化遗产财富,同时是多样性生活的体现。保护城市文化艺术资源对于维持世界文化多样性形态,维护社会团结稳定具有重要的现实意义。因此,城市文化艺术资源传播管理具有重要的深远意义。

法国学者鲍德里亚认为,当前人类所处的消费社会的特征较之以往有很大区别。传统的社会形态对商品价值的认识停留在交换价值和使用价值当中,但是消费社会除了上述两种价值,还应该包括商品的符号价值。符号价值作为一种抽象物,它本身具有一种逻辑的支点作用,利用消费社会的"仿真"特点不断地强化商品本身,引领商品的文化意义衍生到各个领域。也就是说,生产商品必须追求其符号附加值。有学者认为,商品的符号附加值具有信息的传导功能,在传导过程当中消费者可以尽情体验符号所带来的抽象功能。可见，这种认识与传统的经济学家相比，已经上升了一个层次，传统的经济学家对待商品的属性认知仅停留在二重属性上面，对于"信息、体验、符号"为特征的第三重属性缺乏洞见。尽管市场上商品的象征价值始终被认可，但是只有将视角放在消费社会里面，符号价值才能够真正得到开发和利用，通过符号完成商品差异化的内涵构建，同时制造差异需求，引起类似于流行音乐般的消费热潮。在这种情形下，商品与消费者之间的关系更加复杂，内涵更加丰富，其中认同感是最值得探讨的一种内涵。消费者对商品是否认同，决定着商品的符号价值高低，带有强烈的非物质属性，这就是符号化经济模式的最大特征之一。

20世纪80年代末，法国社会学家布迪厄在其著作《资本的形式》当中将资本的概念从三方面进行阐述，提出资本应该包括经济资本、社会资本、文化资本。他详细分析了"文化资本"和"社会资本"的功能及其转换规则，认为文化资本是可以表现为非物质的形式，并且经常表现为非物质形式。非物质形式的文化资本其实是一种"象征资本"，它通过符号完成象征，产生符号价值，从而推动经济资本和社会资本的发展。当前"文化软实力"这个概念在国际上被普遍认可，这说明文化竞争已经逐渐白热化，成为国家综合国力的重要评判标准之一，如果军事实力、经济实力是硬实力的话，那么文化实力则是软实力。

城市文化艺术资源从根本上讲其实是一种集体性的"记忆"，这种"记忆"特别脆弱但是特别重要。如果某个个体、民族乃至国家、全人类缺乏这个"记忆"参照坐标，那么如同在茫茫大海中航行的小舟，永远找不到自己的准确位置，不知从何而来、向何而去，存在的目的是什么，价值是什么。这个"记忆"坐标则像是大海中的航向灯，为我们指明道路，提醒我们从哪里来，将要向哪里去，并且通过这个坐标记录下我们自身的价值，为未来提供有意义的参考。所以城市文化艺术资源传播的意义，就是为了保留这种珍贵的"记忆"，并将其永恒化，凝聚成人类存在的价值。总之，加强对城市文化艺术资源传播是维护文化生态平衡的重要方面，也是保持人类"记忆"的重要工作，更是创造未来的基础。

第六章 沈阳城市文化艺术资源的传播与可持续性发展

城市文化艺术资源是沈阳在不同历史阶段形成的具有鲜明地域性的珍贵文化结晶，毫无疑问它们是城市内部最核心的文化属性。剖开内部，我们可以看到一个城市的"根"，它标志着这个城市的独有身份，如果不加以保护，那么就很可能影响这个城市的影响力和知名度。可见，联合国教科文组织原总干事松浦晃一郎说的"保护文化遗产是一项科学的工作，又是一项和平、发展与人权的基础性工作"是有道理的。联合国《人类口头和非物质遗产代表作申报书编写指南》里指出："这一遗产在国家和国际发展、各文化互相容忍、互相协调方面起着至关重要的作用。"城市文化艺术资源的传播表面看是为了重现文化的多样性和特殊性，继承其中所包含的创造性力量，其实进一步讲可以加强不同文化间的相互包容，尤其是缓解国际文化的冲突所导致的政治、经济矛盾。它不仅对中国具有现实意义，对于其他类型的传统文化大国也具有同等重要的作用。因此，城市文化艺术资源传播还是维系国家、民族存在的重要基础，也是维护世界和平的手段。此外，和平的前提条件是平等，没有平等，就谈不上和平。世界"和平大厦"是建立在城市文化艺术资源平等的基础上的。城市文化艺术资源传播是主张文化多元平等思想的反映和实践。

文化的根本意义是满足社会当中不同个体生存和发展的差异化需求，文化的演变本身就与个人的生存紧密相联。文化虽然分为外在形式和内在结构的逻辑框架，但是它的变化离不开人的需求。简单来看，文化变迁实则是一部人类需求的变迁史。人类需求的变迁动力有两种：物质动力和精神动力。研究文化变迁首先要分析物质动力和精神动力。通过分析这两种动力的生动图景，可以进一步了解人类需求的变迁过程，最终把握文化变迁的脉络。所以，城市文化艺术资源传播的研究离不开民族生存需求变迁的角度，其意义十分深远和深刻，上述分析只是冰山一角，管中窥豹。

城市文化艺术千百年来的演变当中有一个稳定的内涵，文化之所以能够吐故纳新不断传承，就是因为有这个内涵，也就是我们经常说的"根"。我们传播城市文化艺术资源其实就是保护这个"根"，只有牢牢抓住这个"根"，才能推动城市文化艺术资源的可持续发展，所以保护是为了更好地向前发展，而不是一味地复旧、守旧。我们要继承这种"根"的精神，将其作为生活的参照坐标，加深对自身的理解和认知，激励我们更好地创造新事物，指引我们更好地向前发展。

前文所述，城市文化艺术资源在中华传统文化当中具有重要的作用，它作为多民族主体在历史当中共同创造的精神财富，具有深刻的研究意义。例如其中所包含的民族价值观、审美观、创造观，都对中华民族精神的提振起到了不同的作用，它是维系中华民族精神的情感纽带，为中华文明传承发挥了精神引导作用，也是保障中华民族繁荣昌盛的基础养分。因此，通过保护城市文化艺术资源可以弘扬民族精神。

例如，通过传播沈阳故宫文化，可以领略400年沈阳故宫的繁华，将具有极高历史价值和艺术价值、种类繁多、数量丰富、引人瞩目的艺术载体展现在世人面前。传播城市文化艺术资源可以沈阳城市所创造的灿烂文化。这都是文化精神的冰山一角。城市文化艺术资源作为一种基本力量，它在形成后能够对人们的行为、语言和心理进行不同程度的规范和约束，并且体现在人类学习把握、传承保护文化过程中的形式上面。所以，加强城市文化艺术资源传播不仅有利于弘扬民族精神，还可以增强民族凝聚力，对民族集体意识的培养和合作精神的培育也具有积极效应。

首先，城市文化艺术资源能够让人们在直观的认识方式下展开对传统文化的认知，可以在直观方式下感受深厚的城市文化艺术资源精神；其次，城市文化艺术资源以其活化的态势，很多时候都表达出了一种集体性的生活面貌，人们在排练中可以培养出一种集体意识，培育出合作精神。例如湛江吴川舞貔貅、叠罗汉，需要搭建一层一层的人梯，就像罗汉一样重叠错落，如果缺乏合作精神就很难做到平衡一致，这就是集体精神的典型表现。所以，通过这样的活化形态排练和演出，可以再现集体意识，强化合作精神，对欣赏这个舞蹈的人们也可以产生共鸣。

毋庸置疑，城市文化艺术资源传播的意义是重大的。认清楚这个意义是做好接下来工作的思想准备，也会对保护工作起到原则性作用，指明方向，奠定基础，我们应该基于保护本土文化艺术、维护文化艺术多样性、加深彼此文化认同、互动、平等交往的历史职责等层面开展保护工作。当然，这种重大意义更多的还源于城市文化艺术资源本身的价值。审美价值是城市文化艺术资源文化价值的重要体现。一直以来，研究艺术都离不开审美价值这个要素，如果脱离了审美价值的视域，那么艺术就失去了主要的意义框架。例如德国的现象学美学家莫里茨·盖格尔曾经提到，"审美"的价值应当毫无保留地被理解为"艺术"的价值。关于审美价值的研究，一般有两种方式：第一种研究的方法论是从普遍到个别，具体思路是从一个公理出发，推论出诸多个别的结论，最终证明多样性当中蕴含着统一性，统一性是适用于全部的多样性事物。显然这种方法论是西方传统理性派的一贯做法，从抽象原则出发到具体事物，属于自上而下的方法路径。第二种研究的方法论是从个别到普遍，它的研究路径恰好相反，属于自下而上的路径。

在研究中，主张将个别事物的审美经验归纳总结，最后放到抽象的普遍规则当中。从理论来源分析，这两种路径属于西方的理性派和经验派的衍生。理性派视角下的审美由于其抽象性和封闭性日益被人们所淘汰，而经验派视角下的审美则日益受到重视，其开放性和个别性让其在美学研究中具有广阔的发展前景。在当前多元文化背景下，城市文化艺术资源的审美价值研究的对象是广泛的，这些文化艺术的独特的个别性必须要求采用后者的方法论，要求重视其独特的审美经验，抛弃之前的那种放之四海而皆准的审美标准，这样才能真正认识、挖掘出其中的审美价值。

沈阳城市文化艺术资源数量很多，据不完全统计有上百种不同类型的资源。通过研究发现，城市文化艺术资源不是静态的遗产文本，而是一种动态的文化遗产实践的结晶，是沈阳人民在漫长的生活实践中所创造的精神文明的一种形态。城市文化艺术资源具有一种综合的美感。德国作曲家瓦格纳曾经认为："歌剧的台词、音乐和舞台动作三者之间互不相关，只靠卖弄技巧的歌唱来取悦观众。"瓦格纳认为歌剧创作必须让"音乐、台词、表情和戏剧"四方面综合起来，这样才能实现艺术的美。也许他没有意识到，艺术实践当中很难做到四者的合一，理论与实践是充满矛盾悖论的，这种理想中的艺术品是不存在的，创作者也不可能创作出这样的艺术作品。可是，通过研究中国的戏曲艺术，我们很容易就发现这种综合之美在传统戏曲当中表现得十分突出，像京剧、黄梅戏等地方剧种都展现了综合之美。

王国维认为，"戏曲者，谓以歌舞演故事也"（《戏曲考原》），"必合言语、动作、歌唱以演一故事，而后戏剧之意义始全"（《宋元戏曲考》）。梅兰芳也曾说，"（戏曲）不仅是一般地综合了音乐、舞蹈、美术、文学等因素的戏剧形式，而且是把歌唱、舞蹈、诗文、念白、武打、音乐伴奏以及人物造型（如扮相、穿着等）、砌末道具等紧密地、巧妙地综合在一起的特殊的戏剧形式"（《中国京剧的表演艺术》）。学者欧阳予倩认为，"中国戏是歌（唱工）、舞（身段和武工）、表演（做工）、道白四者同时具备而又结合得很好的特殊的戏剧形式"（《话剧、新歌剧与中国戏剧艺术传统》）。学者张庚也认为中国传统戏曲展现了这种综合之美，"（中国戏曲）把曲词、音乐、表演的美熔铸为一，用节奏统驭在一个戏里，达到和谐的统一"。综合性特征是城市文化艺术资源的重要特征之一，通过综合，可以将艺术作品当中的各种艺术感染要素有机整合，充分发挥各自的优势，最终形成具有独特艺术魅力的艺术形态。

综合以上学者观点，可以发现都无一例外地指出了城市文化艺术资源的综合性特点，指出了城市文化艺术资源所表现的细腻、精巧、和谐等风格，其实也就是瓦格纳所向往的艺术的总体性。这种总体性就是城市文化艺术资源的艺术特点，通过这种特点与其他艺术形态相区别，充满了艺术外在张力和内在凝聚力，让其美学价值更加丰富深邃，想象空间更加广泛，创作可能性更加多元化。像沈阳故宫真正达到综合之美，既可以让表情成型，也可以让造型升华，静态与动态完美结合，空间叙事与时间逻辑有序糅合，最终形成了具有综合整体特征的高级艺术门类。

城市文化艺术资源所体现的综合性，不是静止的概念综合，而是动态的实践综合，它将真实的生活要素以直观的形式传达在时间和空间当中，是鲜活有机的艺术生命体。李渔认为，"不则好到绝顶处，亦是散金碎玉"，可见如果没有综合总体的美学框架，那么城市文化艺术资源传播就无法将各个要素充分调动，形成统一的传播格局。在城市文化艺术资源传播中，应当考虑到管理的综合性，让各个管理要素充分发挥其优势，取长补短，为观众呈现丰富多样的艺术体验，同时不丧失艺术要素的独立性，最终达到"生天生地生鬼生神，极人物之万途，攒古今之千变"的艺术境界。我国明代戏曲家汤显祖也十分肯定戏曲的这种综合性特征，多次赞赏了这种审美价值。

城市文化艺术资源是浓缩了的世界，如果没有综合性作为前提，那么这个世界是单调且乏味的。城市文化艺术资源的美是从社会生活当中抽象加工出来的，反映了社会实践的诸多层面，也深深地打上了社会实践的烙印。城市文化艺术资源是连接艺术和社会实践的通道，因此具有强劲的艺术生命力和感染力，这是值得注意的地方。

综上所述，城市文化艺术资源具有丰富且多样的文化价值，这种价值是理论与实践融贯的有机统一。所以，研究其文化价值必须从不同角度入手，由不同领域的学者专家在尊重个别性的基础上进行总体性的研究，这才是正确的方法。

第二节　城市文化艺术资源中的社会价值

城市文化艺术资源作为沈阳文化艺术创造出来的智慧成果，是在综合了地理、生活等条件下发展出来的具有高度艺术写实的社会艺术形态，只有在现实体验中才能焕发出自身的艺术生命力，感受到其中所包含的价值。

城市文化服务市场化理论最早诞生于国外，该理论是基于新城市文化服务等相关理论形成的，核心命题是城市文化服务提供者具有"经济人"的属性。因此，在城市文化服务决策和执行过程中，将自身利益置于首要或者核心地位，优先于公共利益。随着国内城市文化服务市场化实践的不断推动，城市文化服务市场化发展已经成为趋势，目前争论的焦点是如何公平公正的实现市场化，如何在市场化前提下，优先将公共利益置于首位，促进城市文化服务均衡、充分发展。国内的城市文化服务市场化发展是随着改革开放不断推进的，总体经历了城市文化服务集体化、民营化、市场精准化等一系列过程。城市文化服务市场化发展的逻辑是生产、供给与消费、需求的再平衡，在此过程中，政府通过授权、外包等方式，让市场主体参与到城市文化服务当中，负责部分的生产和供给，推动城市文化服务走向市场化，以市场化标准去评价城市文化服务质量。

国内城市文化服务市场化理论具有鲜明的国情特征，一方面坚持发挥市场经济效应，另一方面兼顾社会主义经济特征，最终实现社会价值最大化。社会价值的核心要素是社会主体和客体，研究其价值不能脱离这两方面要素。

城市文化艺术资源是人类在漫长的社会实践当中的产物，这种产物是人类自身本质力量的外化，也就是对象化，通过社会客体不断赋予其内涵最终形成的遗留物。它涵盖了这段社会的丰富性和多样性，具有弥足珍贵的精神属性和物质属性。人类通过了解这些遗产，可以对社会有一个综合性的认知和考察，例如认知某个特定社会时期的生产力水平、社会阶级结构特征、社会伦理关系、道德水平等。由于社会的接续性，每一份遗产都与其他遗产紧密相连，体现为肯定、否定、再肯定的螺旋式发展取向。

城市文化艺术资源在发展过程中以社会为纽带，不断将杂芜部分去除，保留其精华部分，因此超越了时代的局限性和民族的有限性，最终成为民族世代共同的精神财富。通过了解这些精神财富，有助于我们进一步认识不同社会阶段的民族世界观、价值观等的构成情况，了解某个特定群体或者整体的生活状态，弥补文本资料的不足，更加真实、全面地触摸远去的社会文化。城市文化艺术资源依物质载体而存在，尽管文字、文物可以为我们认识城市文化艺术资源提供帮助，但真正理解城市文化艺术资源必须亲身体验。遗憾的是，先进的录音录像设备只是近期的事，我们几乎无法复现古代甚至20世纪前的城市文化艺术资源。因此，一些社会民间城市文化艺术资源的遗存对我们体验古代的城市文化艺术资源来说就显得非常珍贵了。

城市文化艺术作为传统文化中重要的组成部分，通过加强教育传承，

第六章　沈阳城市文化艺术资源的传播与可持续性发展

有利于增进社会认同，不仅可以在教育传承当中加强认同感，也可以在社会认同下推动城市文化艺术产业化发展，提升文旅融合效果和质量。

辽宁省博物馆是城市文化艺术资源的一块活化石、常青树。辽宁省博物馆是一座现代化综合性历史艺术博物馆，前身为中国建立的第一座博物馆——东北博物馆。辽宁省博物馆藏品丰富、质量精湛，较多艺术精品是极为珍贵的实物资料。研究辽宁省博物馆毫无疑问具有重要的社会价值，可以对许多社会问题进行科学证实。辽宁省博物馆客观反映了漫长的社会发展过程中的生活风貌，也反映了本土文化在形成过程当中汲取外来文化的事实。辽宁省博物馆作为一个包容并蓄的文化体，通过研究可以了解到诸如战争、习俗等文化内容，有人将其视为"文化的百科全书"，此言并不为过。因此，无论是内容方面还是形式方面，其都毫无疑问地具有重要的社会研究价值。

城市文化艺术资源除了可以反映社会、证明社会、体验社会，还可以对社会进行补全、补充。城市文化艺术资源可以在社会资料不够翔实、全面、完整的基础上给予补充，让社会更加鲜活、丰满、完整。由于各种原因，某些史料缺失，不利于后人对社会的研究，通过非物质文化遗产可以纠正社会认知错误，解决由于史料缺失所带来的研究困境。

如前所述，城市文化艺术资源活生生地再现了区域文化，对社会研究者而言是弥足珍贵的，通过对表演的内容和形式进行直接观察，可以发现史料当中有关方面的记录和论述不足，从而更好地再现那一段社会面貌。

社会文化遗产分为物质文化遗产和非物质文化遗产。前者是静态的，后者是动态的；前者的传承需要理论诠释和创新，需要人的体验和感悟，后者则是鲜活的，充满生机的，社会价值的传承更加轻松，普及更加容易。城市文化艺术资源是世界上各个民族都拥有的珍贵的文化财富，如果不能很好地传承下去，让一代又一代人所认知、接受、发扬光大，那么它就毫无价值可言。事实上，所有的城市文化艺术资源都是在传承当中不断生长、壮大、成熟，在传承当中一次又一次焕发出生机。相比物质文化遗产，非物质文化遗产在表演当中直接体现出了传承性，直接将传承的功能与传承的目的合二为一，人们在欣赏表演的过程中自然而然地对其产生认知，进而接受，最后自觉地进行精神传承。

以昆曲为例，2001年，昆曲被列入《人类口头和非物质遗产代表作名录》，可谓实至名归。昆曲作为城市文化艺术资源的重要代表，在中国文化当中占据重要的地位。昆曲至今已有数百年的社会历史，许多表演的曲目题材创作都直接源于社会中的真人真事，通过二度艺术创作加工而成。迄今为止，中国有7个专业的昆曲院团，这些专业院团一直致力于传承昆曲。观众在欣赏昆曲的过程中感受到了社会中的人物活生生地呈现在自己面前。昆曲所表现出来的生活礼仪、岁时节庆等传统民俗都是社会演变的结果，也是社会实践的再现，具有普遍性的特点，因此构成了城市文化艺术资源的重要组成部分。无论是昆曲还是其他艺术形态，在传承方面所产生的普遍价值，都是文化遗产的本质特征决定的。

城市文化艺术资源类文化带有一定的审美功能，同时属于重要的社会资源宝库，在这个宝库中我们可以发现不同民族、不同种族的文化智慧和创造力。通过这些内容可以加深对这些民族和种族的深刻认识，因此这些内容具有极为重要的文化价值。不同的文化遗产可以再现民族或者种族的思维方式、思考维度、价值取向、审美情操，进一步勾勒出文化发展的主要脉络和核心方向，最终汇聚成一条独特的社会文化轨迹，为其未来提供精神指引。

社会的发展演变实质是一个文化逐步累积的漫长发展过程，一个国家的整体文化积淀又是由不同城市文化艺术资源共同构成的，每一个城市的文化艺术资源都具有独特的地域性、人文性、社会性，这些特殊性结合起来成为一个国家社会文明的重要支柱。虽然各个民族的文化标准及模式不同，但是在漫长的社会发展过程中通过不断融合、交流，共同创造了具有极强张力的文化集群，为国家的发展提供了坚实的文化动力。"和而不同"是中国文化的特点之一，其中城市文化艺术资源的价值是衡量一个国家文明的重要参考指标。以地方传统器乐为例进行说明。我国地理范围广大，地方传统器乐类型众多，文化价值呈现出多样性的特征。器乐作为表达人类内心情感的重要载体，对城市文化艺术资源发展起到推动作用。

社会价值是城市文化艺术资源的重要价值指标之一，任何一项遗产都展现了丰富的文化价值，挖掘和整理这些社会价值，对于传播优秀城市文化艺术资源、发扬优秀民族精神具有重要的现实意义。城市文化艺术资源作为一种时间艺术，其文化遗产凝聚了时间洗礼下的城市文化艺术资源内涵，对于当前城市文化艺术资源事业的发展具有积极的借鉴意义。社会价值作为文化传播的核心要素，很大程度上代表了社会文化的根本精神属性。作为与物质相对立的内容，精神所包含的要素具有很大的研究价值，故而应该单独进行论述。

社会作为城市文化艺术资源传播过程中的重要组成要素，它体现了创造这个遗产的城市文化艺术资源密码，这些密码共同组成了精神世界，彰显着本民族的文化标志。从这些密码中，我们可以看到本民族的生活面貌以及参与社会的方式、管理民族内部成员的逻辑。这些精神传承下去后经过世代有意识地保留就形成了本民族最具特色的文化价值。总的来看，社会价值包括生活价值理念、社会生活实践两方面。

生活价值理念是社会实践的重要文化坐标，它反映在一个民族的心理定式、气质特征上面。我国民族众多，不同民族的生活价值理念有所不同，归纳起来可以划分为农林牧副渔商六种。以农业为主要生活方式的民族，其生活价值理念倾向于稳定的态势，依靠稳定的天气等外部环境生存；以商业为主要生活方式的民族，其生活价值理念倾向于变化，这类民族善于捕捉机遇，把握变化中的机会，两者是完全相反的。在不同的生活理念当中，反映出本民族精神的独特性，进一步所产生的生活实践价值自然也有差异。从城市文化艺术资源的角度看，其社会价值与民族生活、生存紧密相连，作为一种活生生的标志，城市文化艺术资源类遗产的社会价值很大程度上代表了区域的珍贵社会文化。

这里谈一下城市文化艺术资源的社会实践当中有两种社会价值最值得关注。

一、传统礼乐思想中的人文精神

中国传统礼乐是指儒家的礼乐思想。儒家的礼乐思想是古代城市文化艺术资源当中所包含的人文精神的集中体现。这种人文精神分为三个层次：城市文化艺术资源是什么；城市文化艺术资源与人有何种关系；如何表现城市文化艺术资源。

第一个层次是本质性的问题，关系到城市文化艺术资源的基本定位。儒家认为城市文化的艺术资源就是仁爱，"歌乐者，仁之和也"，这句话集中体现了这种看法。儒家认为城市文化艺术资源就是仁爱的感性形式，仁爱作为古代基本价值观，它通过城市文化艺术资源等形式进行表达，加深对人性的了解，从而更好地贯彻仁爱思想。仁爱思想从统治者角度看，就是仁政，从大众角度看，就是仁义，两者是统一的，从两个侧面阐述了仁爱。城市文化艺术资源作为一种非理性的表达方式，儒家将它与仁爱结合起来，利用城市文化艺术资源来展现礼乐当中的人文精神。

第二个层次是城市文化艺术资源与人有何种关系。这个问题属于城市文化艺术资源本质的外延范畴，即城市文化艺术资源通过何种渠道进行思想传达，答案是：人。儒家认为仁爱是人的道德范畴，通过人的伦理实践来完成仁爱的本质塑造，城市文化艺术资源在其中起到了桥梁的作用。通过礼乐的熏陶，人们从中感受到仁爱精神，体验到仁爱之德，进一步将其作为人的立身之本、生存之道。

第三个层次是如何表现城市文化艺术资源。人与城市文化艺术资源是浑然一体的。人的成长就是城市文化艺术资源表现的最佳说明。礼乐中有"成人"之说，这也证明了城市文化艺术资源是通过人的培养、人的成长来完成塑形的。可见，礼乐当中的"仁""人"是相通的。城市文化艺术资源赋予人一种精神内涵，人赋予城市文化艺术资源一种思想内涵。

二、"天人合一"的现实观

所谓"天人合一"是指天籁、人籁的辩证关系。古人很早就认识到其中的辩证性，历来有许多贤者对此展开论述。汤一介先生曾经提道："天人合一所表现的中国古代思想家的思维方式是一种以人的主体性为基点的宇宙总体统一的发展观。"通过分析发现，这种观点与西方对待自然的思考方式截然不同，它从一开始就将思维立足点设置为人，从人的角度出发，复又归于人。西方的思考出发点则是神，起点的不同决定了东西方传统文化的路径是有差异的。它始终没有脱离人文的思考维度，立足于人、复归于人。儒道哲学对中国的政治经济文化有着广泛的影响，从今天遗存的一些城市文化艺术资源形态中我们仍然能感受到这种影响。当前，关注人的幸福感和生存意义已经成为全球课题。人们越来越认识到中国传统哲学精神对现世的价值。加强城市文化艺术资源等传统城市文化艺术资源的传播，无疑是弘扬这一精神的最好体现。

　　城市文化艺术资源传播还包括社会和谐价值。社会和谐价值是一个社会的整体性追求的共识。这种价值可以概述为和谐价值。它一方面能够保障社会良性运转，社会各成员的利益能够得以保证；另一方面和谐社会能够维护以人为本、多元共生的良好文化氛围，保证社会文化始终充满活力。这种价值是我们当前所倡导的时代核心价值，故而研究城市文化艺术资源的和谐价值元素，对于当前需要是有积极意义的。

　　通过文旅融合发展，让城市文化艺术资源与城市创作相互借鉴，有利于城市文化艺术资源传承。通过数字可视化技术，可以借助虚拟现实技术，让游客融入情境中，实现城市文化艺术的传承功能拓展，让游客凭借该类文化资源了解其文化内涵，并进一步提升城市文化艺术资源的影响力。城市文化艺术资源的生存有其特定社会土壤，无论是自然地域、生产生活还是宗教、语言，都对城市文化艺术资源的形成具有重要的作用，它们都是城市文化艺术资源语境构建中不可或缺的要素。

　　随着时代的发展，教育传承势必要大力挖掘城市文化艺术资源，为城市文化艺术资源产业化提供巨大助力。通过加强教育传承，有利于整合城市文化艺术资源，一方面满足大众文化精神需求，另一方面弘扬优秀民族文化价值，提升民族文化自信，这也是实现中华民族伟大复兴的重要前提。

城市文化艺术资源以其独特的审美特性和深厚的文化底蕴成为中国的文化符号之一。城市文化艺术所用素材是文化艺术产品所特有的材料，中国悠久的历史使其早已超出材料的功能，上升到文化的高度。在传播管理实践上，城市文化艺术资源不仅发挥着技艺管理的作用，更是一种民族精神的延续。现代的城市文化艺术资源是传统与艺术时尚相结合的产物。珍视城市文化艺术资源，保护并传播这类文化遗产是每个管理者的责任。在传播管理中，管理者应积极主动去了解城市文化艺术资源的技术和审美规律，从根本上掌握素材的特性，探析城市文化艺术所具有的艺术价值和人文意义。

城市文化艺术有着很大的实用价值，素材在优良的装饰性和物理特性之外，还有着天然环保的属性。在未来的艺术设计领域中，城市文化艺术资源的应用空间非常广阔。在各种各样的传统工艺美术形式中，城市文化艺术资源是兼具艺术表现力和实用性的代表。推进城市文化艺术资源传播的探索，不仅能提高城市学术水平，还能吸引更多优秀的学生投入相关专业的学习中。只有壮大城市文化艺术资源的人才队伍，适应市场的需求不断创新，并在城市作品中体现出中国当代的文艺精神和城市文化艺术资源的实际应用价值，才能推动城市文化艺术资源行业走上良性发展的道路。沈阳的文化产业有着非常好的发展势头，近期建立的沈阳现代艺术产业园成为带动旅游消费的新亮点，为其他地域特色产品的开发提供了宝贵的参考经验。因此，重视城市文化艺术资源在沈阳城市文化艺术资源传播中的管理职能，不但能使城市文化艺术资源的实用价值得到更好的体现，也能催生出更多高品质的城市作品。

随着沈阳城市文化艺术传播教学改革实践的不断深入，管理体系教学模式未来可以在城市文化艺术教学中产生重要影响。城市文化艺术管理体系模式发展不仅体现在教学方式方法当中，还体现在教学资源整合、教学内容优化、教学评价改进等方面。

通过有效传播管理可以帮助城市文化艺术传播管理面向舞台、田野，间接促进城市文化艺术课堂实现智能化、科技化、智慧型、信息型转型。

通过互动式、体验式教学加强学生对城市文化艺术的理解,在创作中让城市文化艺术在保持原有优秀民族元素的基础上进行管理与创新。

第三节 城市文化艺术资源中的产业价值

鲁迅曾说过:"同是一部《红楼梦》,经济学家看见《易》,道学家看见淫,才子看见缠绵,革命家看见排满,流言家看见宫闱秘事。"对于城市文化艺术资源,各界的观感也不相同:学术界看重遗产的本体价值,政府看重的是如何将其纳入先进文化怀抱,商界看重的是经济利益……我们应该承认城市文化艺术资源是有经济价值的,商人看到其中的经济利益也是很正常的。在不违反基本的城市文化艺术资源生存原则,同时不违反法律规定的基础上,学术界还是应该多一些宽容心态。

我们可以说,对城市文化艺术资源的传播,谁也不能说自己就掌握了真理。而且,城市文化艺术资源的传播并不是简单的一种"物竞天择"性质的行动,而是要求人们重视"保护"本身,重视受到"保护"的艺术现象所带来的社会意义。从这个角度看,城市文化艺术资源的传播意义就是多元化的,是开放性的。因此,商业参与其中就构成了商业文化意义,它也是文化艺术以经济存在于世的解读方式。面对质疑城市文化艺术商业化的声音,必须认识到这种观点的片面性和非理性化。

第一,城市文化艺术商业化是对传统文化艺术的"背叛"。这种说法显然是错误的,历史上文化艺术本身就具有商业价值。文化艺术创作本身就具有商业交换性质,某种程度上说文化艺术产品天然就带有可交换价值,这并不妨碍其人文价值。

第二,城市文化艺术商业化是对人文价值的破坏。其实这种说法也不够正确,准确地说,城市文化艺术商业化恰好能够保存文化艺术的人文价值,并且将其进一步发扬。

我们在重视文化艺术保护的同时,要积极思考如何利用这些资源,如何发掘其商业价值，把其中一些有条件的文化艺术价值积极转化为带有经济价值的商品，从而为日后商业化的可持续发展提供物质条件。前文所述，城市文化艺术资源具有保存和经济两种价值，保护价值和经济价值是并行不悖的，两者互为依存。这就要求我们把文化艺术中的古代元素和现代条件辩证统一起来，让文化艺术在现代环境中焕发生机，在现代语境中形成文化品牌效应，加大对文化资源的经济转化，形成可持续的产业化链条。城市文化艺术资源作为一种文化资源，在一定条件下是可以转化为文化资本的，在市场驱动下和资本的利益驱使下就可以产生经济价值。

加深对城市文化艺术资源经济价值的认知，有利于扩大我国创建节约型、环境型、资源型社会的资源空间。认识非物质文化遗产的经济价值，有利于形成新的产业，为国民经济发展创造新的增长点。认识非物质文化遗产的经济价值，有助于扩大经济学的研究范围，产生更多的研究成果。城市文化艺术资源内在的文化价值是间接的价值，它的转化需要一定的时间，需要转化渠道，而理论成果就是这个渠道，通过理论研究可以为文化价值的"兑现"发挥中介功能，让文化价值更好地融入社会环境当中，以成熟的姿态表现出来。

具体来看，经济价值的实现可以通过发展特色演出业等形式来完成。我国非物质文化遗产当中有许多带有观赏性和娱乐性的艺术形式，戏剧效果极强，观众在看完演出之后精神和身体都得到了放松，获得了一定程度的满足。

大部分文化艺术技艺都具有强烈且明显的地域特征。我国许多文化艺术技艺面临着失传的风险，在此情形下，东北的老一代艺人为了打破困境，主动走上了市场化的道路，积极探索如何将城市文化艺术资源的文化价值和经济价值有效结合，如何将娱乐性与商业性有效整合，经过短期的摸索，很快找到了一条适合东北地域文化艺术生存发展的道路。城市文化艺术资源的大热既是市场大众化选择的结果，也是地域文化自身价值的实现。

城市文化艺术资源为其他艺术的商业化发展提供了成功的经验，当地政府提出了"打造和提升城市文化艺术资源的影响力和辐射力"的战略设想，经过多年的市场实践，已经取得了积极的成效，证明了城市文化艺术资源的文化价值和经济价值是可以同时实现的。城市文化艺术资源传播中通过管理思想、管理行为的规范进行引导，可以达到多重价值实现。随着时代的发展，管理者不断地对文化艺术的内在属性进行有意或者无意的调整，最终形成具有丰富、复杂、多元特征的城市文化艺术资源。这些遗产的历史性、人文性、知识性、美学性、哲学性都具有产业价值，是一座丰富的产业宝库。城市文化艺术资源在每一个层次的产业中都体现出了重要的价值。个体通过传授、学习文化艺术技能，完成产业实践活动；学校通过课程设置等形式完成相关教学活动；社会通过多方资源整合、互动来进行文化艺术传承、保护、创新等等，这都是产业价值的体现。

城市文化艺术资源所带来的产业价值既包括理论方面，也包括实践方面。从理论上讲，学生可以从地方器乐的制作、演奏等方面切入，进一步了解地方器乐背后的历史文化、审美等知识；从实践方面，学生可以参与对民族文化艺术的直接体验和间接体验，增强传播质量和效果，激发文化艺术灵感，加强文化艺术传播实践创新性探索，最终实现文化艺术事业的长远发展，充实地方民族文化艺术产业内容。

中国传统文化艺术展现了极为丰富的横向学科内容知识，尤其是民族民间文化艺术，它不仅表现为一种传统文化艺术形态，还映射出了与文化艺术相关的其他方面的知识，例如历史、地理、民族风俗、节日节庆等，其中涉及民族历史学、社会宗教学、文化艺术心理学、艺术鉴赏、语言学等。这些学科与文化艺术发生不同程度的联系，共同组成了民族文化艺术资源宝库，为后人研究提供了珍贵的人文价值参考。城市文化艺术资源传播需要不断投入精力去建设，最终服务于文化艺术产业。一方面是传统文化艺术回归产业本位的现实要求；另一方面也是社会加强文化艺术产业实践的根本途径。城市文化艺术资源是民间文化艺术的集成，它既能将理论与实践结合起来，为大学生学习提供有益的资源保障，也能为产业工作的创新提供必要条件，为沈阳城市文化艺术产业带来可持续的动力。

国内当前对产业效益的界说主要有两种："产业成果"论和"产业模式"

论。这两种界说各有侧重点。前者是从结果的角度进行归纳总结，后者是从生成流程的角度进行阐述。前者属于广义的界说，它包括了一切具有相似或者不相似的产业结构的产业成果；后者则仅指不同产业成果当中所拥有的结构共性，因此后者属于狭义的界说，它偏重产业成果的共性研究。这两种界说之间是具有抽象关系的，按照唯物辩证法的观点，两种界说之间首先具有整体和部分的统一性。前者强调整体，无论是哪个民族、哪个国家，它们创造的文化都同属人类产业结晶。但是从具体生成流程来看，不同民族、不同国家所创造的文化各有其独特性，产业结构因此也呈现独特性。

任何一种产业成果都具有一般性，即都有创造者、创造对象、创造工具、研究者。在具体研究当中，根据研究对象的不同，其研究内容和目的也有所不同，这是个别性的表现。举例来说，中国乐器箜篌与欧洲乐器竖琴，这两种乐器的共同起源是古代波斯帝国的一种未名乐器，当它传入不同地区之后，在当地的文化影响下就形成具有自身文化模式的乐器，无形之中接受当地的文化塑造。还有很多例子，诸如唐代的五弦琵琶、二胡等。因此，了解民族传统乐器，乃至城市文化艺术，必须从城市文化艺术资源切入，找到其文化模式才能更好地开展研究。

城市文化艺术资源传播应当重视文化艺术的产业价值需求。城市文化艺术资源具有自身的特征，这是它与其他类型的文化艺术区别开来的重要标志。从辩证的角度看，一个事物自身所承载的特征与其他事物的特征既有区别又会发生联系，要想认清楚某个事物的特征，就必须从普遍联系当中进行思考和观照，这样才能尽可能完整、准确地把握事物特征。当西方文化产业进入我国后，我们开始对自身文化产业的特性有了了解认知的冲动，进而反思，相关学术性的研究不断地开展。无论是文化艺术、舞蹈还是美术艺术形态，都是在这种背景下逐步开始研究的，这恰好证明了任何事物的特性研究都离不开其他事物的参照，通过对比才能凸显主体特性。

当我们研究国外民族的艺术特性时，也要注意找到一个可对比的参照系，国内学者在对国外其他民族的艺术特性进行研究时，也通常会利用国内艺术作为参照系，以国内艺术特性为出发点进行对比研究。这样的好处是"占据主场优势"，有得天独厚的文化条件，故而能够深刻地认识到其他艺术特性的要素和内涵。近代以来大量学贯中西的大师出现，他们都有一个学术研究习惯，就是反复将中西艺术互为参照，在不同对象上进行自我反思和观察，从浅层认知上升到深层认知。

西方哲学家黑格尔在《逻辑学》当中曾经提到对象思维，主体对外界的认知首先就是从对象开始，然后通过对象映射自我，最终达到自我和对象的和解。这个道理和我们论述的观点是一致的。民族艺术特性研究的最终目的是揭示其存在意义，即主体意义。任何研究的对象都是过去存在的事物，但是研究行为是当代的。从现代解释学角度看，这种行为本身就是一种意义的赋予。

有人认为研究城市文化艺术就是将文化艺术原汁原味地复原，其实这种看法是错误的。任何人都无法将历史完全还原，历史也无法再现，它的唯一意义就是依靠后人不断地进行解释，不断地赋予其时代意义。虽然解释者各有不同，解释者的能力和水平也影响了解释对象的存在意义，但是更多的还是解释对象本身的特性决定了其时代意义。我们作为解释者，无论如何都要立足于解释对象本身进行意义挖掘，而不能脱离解释对象的根本特性进行自由想象和随意创作。那么问题来了，如何能够既保留解释对象的原有特性，又能够赋予其时代意义呢？最好的途径就是通过不同文化进行反思、观照、对比。苏东坡有诗云："不识庐山真面目，只缘身在此山中。"当我们研究其他民族艺术的时候，如果能够在其他民族艺术之外找到一个合适的参照系，就不仅可以窥见其"真实面貌"，还可以挖掘本民族无法自我察觉到的社会特性和意义。

城市是发展文化艺术资源的土壤，城市文化艺术资源的管理定位关系着管理计划安排、培养目标和审美取向等指导性方针的确定，进而影响到城市文化艺术资源在管理职能中的方向。首先，城市文化艺术资源有技术性的一面。管理者应该从传统的管理方式中汲取经验，引导受众对城市文化艺术资源有一个更加全面的了解。其次，城市文化艺术资源也有着很强的艺术性。从艺术创作的角度来看，运用管理工具的过程也是表达设计观念的过程。专业艺术素养的提高是更为重要的传播目标。管理者要对城市文化艺术的功能形式和管理工具的艺术特性有一个较为全面的了解，要让城市文化艺术资源的管理回归到文化本位。只有拓展城市文化艺术资源的知识结构，从单一的工艺技法训练向艺术设计思维训练的方向转型，将产品研发、设计管理等方面的研究纳入城市文化艺术资源传播的发展规划中，坚持走产学结合的道路，才能使沈阳的城市文化艺术资源传播不断得到完善。

在文化多元发展的背景下，针对城市文化艺术资源展开的学术讨论会越来越多，以地域文化为特征的学术群体也会越来越常见。沈阳城市文化艺术品牌的形成需要一批熟悉并掌握传播知识和技能的管理人员，城市文化艺术对传播环境的要求也比较高，因此管理者要用大量的时间和精力来完成工作。在城市文化艺术资源的传播中突出沈阳的地域特色，由经验丰富的管理者带头探讨城市文化艺术传播途径，有助于形成相对稳定的创作人才团队，通过团队协作来提高管理的整体水平。沈阳城市文化艺术管理者要立足于民族文化和地域文化的基础，借用现代的艺术手段来管理古老的城市文化艺术资源。同时，将目光投向生活中的每一个普通人，从民间取材，在城市文化艺术资源的传播中强调地域化的视觉语言，为沈阳的城市发展带来更为充足的动力。

如果管理者不能将与之相关的管理办法作为传播的重点，城市文化艺术将慢慢失去原有的底蕴。需要注意的是，一味地强调传统的重要性将会使城市文化艺术资源的传播进入误区。城市文化艺术资源要想在现代重新焕发活力，就必须紧跟时代的潮流，对应市场的需求作出改变。

管理者不仅要鼓励新材料和新技术的研发，同时要注意把传统与时尚结合在一起，坚持走创新发展的道路。重视城市文化艺术资源的传播，为现代化发展提供高素质的艺术人才是管理者义不容辞的责任。城市文化艺术资源具有悠久的历史，有着很高的文化价值和实用价值。为了让城市文化艺术发扬光大，传播中必须明确自身的管理定位，进行管理模式和途径的创新，让管理视角回归到具体场域中，重视地域特色在艺术品牌建立的过程中所发挥的巨大作用。在未来，将会有越来越多的人参与到城市文化艺术资源的传播中，使城市文化艺术的产业发展成果得到大众的认可。

第七章　沈阳城市文化艺术资源传播的升级策略

本章的主要内容为沈阳城市文化艺术资源传播的升级策略,从以下三个方面的内容展开论述,分别为产业视角品牌化升级路径、管理者视角下的传播升级路径和社会群体视角下传播管理策略。

第一节　产业视角下品牌化升级路径

沈阳城市文化艺术产业发展已有多年,拥有一些具有较高市场影响力和知名度的产品及企业品牌。沈阳城市文化艺术产业应该借助文旅品牌发展契机,努力加强标准化推广体系建设,完善质量认证制度,提高产品文化艺术内涵品质,创建一批具有区域特色的文创品牌,借助品牌扩散效应,围绕本地文化主导产业和区域特色文创产业需求,找准自身区域品牌定位,提高市场竞争力。通过优化规模结构、发展创新技术、提高品牌推广力度等举措,加快区域品牌发展速度,提高区域文创品牌发展质量,拓展产业价值。城市文化艺术产业发展过程中应主动寻求与电商等产业合作,拓展产业发展渠道,扩大产业发展平台,进一步延伸产业链条。例如与一些销售文旅创意产品的电商进行合作,将其作为新的销售渠道,打造线上线下销售链条,这样既可以拓展产业价值空间,也可以培育相关电商产业发展,在相互合作中提升产业价值。

新型产业主体与传统产业主体相比,虽然新型产业主体在经营模式、科技应用中拥有较高的创新力量,但是其缺点也十分明显,例如市场风险较大。因此,我们要帮助新型产业主体发展壮大,引导、支持、规范其健康发展。未来应当健全培育机制，发挥机制保障作用来更好地促进新型市场主体可持续发展。一是建立新型市场品牌营销主体的多元培育组织。通过发挥社会力量建立多元培育组织，协同培育新型市场品牌主体发展。以沈阳市当地第三方社会机构为主，建立目标统一的培育组织，协助沈阳城市文化艺术品牌主体更好地发挥社会责任，为小微企业等新型市场主体助力。沈阳城市文化艺术品牌主体可以定期发布社会责任任务，将履责中遇到的自身难以解决的问题发布出来，向培育组织成员征询解决建议。在培育组织逐步完善的基础上，可以定向定期发布任务，由其他企业协助或负责完成任务，这样可以在一定程度上解决沈阳城市文化艺术品牌主体在现有的机制下无法提供的服务问题。二是建立传播矩阵协同机制。传播矩阵协同机制的优势是可以汇聚各方传播资源力量，为市场服务中提供匹配度高的方案规划和咨询建议，有助于降低传播管理成本，让沈阳城市文化艺术品牌主体放下心理包袱，加强沈阳城市文化艺术品牌主体的传播责任动力。传播矩阵协同机制有利于沈阳城市文化艺术传播管理的探索实践，所取得的成果也会对城市文化艺术事业发展带来积极帮助。

　　加强城市文旅产品的普及和推广、城市文旅产品的现代转型应用，可以提高沈阳城市文旅产品产业化生产效率。冰雪题材作为沈阳城市传统的重要创作素材之一，在文旅产业化模式发展中可以发挥重要作用，要借助相关活动积极推广具有在场感的城市旅游体验活动。推动城市文旅产品产业快速发展，加大创新人才和激励机制力度，完善城市基地推介模式，鼓励城市产业多元化创新发展。培养创新人才和激励机制中，涉及如何在系统化教育和专业化实践中掌握城市技法和思想理念，对城市文化艺术进行改革创新，促进其与时俱进；城市基地推介模式中，涉及利用基地实践教学的深化，是产业和教育相结合的平台，是城市文旅产品创新设计产业化的必要补充；城市产业多元化创新中，涉及旅游资源城市化，创建良好的传播平台，建立城市研究院，实施科学性教育。

　　每个地域都有不同的地域特征和文化资源，沈阳特殊的地理环境为独有的旅游资源产业化提供了多种可能性。研究旅游资源产业化下美的特征，准确把握旅游与城市之间的内在关联，是当前沈阳文旅深度融合发展的基础、途径和目标，对实现沈阳地域城市产业化市场化发展具有重大意义。城市以它独特的视觉效果和形式多样的优势融入冰雪旅游文化产业中，拓展沈阳旅游纪念品市场，作为沈阳的名片推出。还有很多旅游资源可以去创新和研发，用城市新技法将其艺术化、具象化。

"互联网＋城市文化艺术产业"对于沈阳的城市文化艺术产业发展作用十分明显。对于产品而言，沈阳应该利用互联网技术，实现对产品全过程的自动化监控，及时得到制作过程各个环节的即时数据，通过互联网进行数据分析和处理，加快生产资源的优化配置，节约成本，提高文化产品生产效率，实现生产的虚拟化和智能化。利用互联网技术，城市文化艺术产业的全过程必然更加智能化，从而进一步完善了城市文化艺术产业体系，进一步提高了城市文化艺术产业发展质量，创新了发展模式，有助于推动沈阳服务业向这类新的产业领域转移资本、技术和人才，提高互联网及服务业对经济发展的贡献率，助力沈阳文旅融合发展，以信息化带动城市文化艺术产业发展。

同时，要推广科技系统应用，目前绝大多数沈阳旅游企业都已经广泛应用了科技系统，提高了业务服务的范围，未来应当在便捷性层面下功夫，提高科技系统的应用效率。一方面，积极借鉴互联网金融机构的应用成功经验，推动机构网络办理业务的全覆盖、全办理，这样游客就能够通过手机、电脑在短时间内完成业务流程办理，节省了时间成本；另一方面，应当加强科技系统应用模块的设计，针对不同业务设计相应的模块，满足不同需求的游客。游客根据自己的需求选择应用模块即可完成操作。

有效的传播模式可以提升民族优秀文化的传播质量，促进民族优秀文化的传承发展。近年来关于构建城市文化艺术传播新模式的呼声越来越高，伴随着城市文化艺术文化自信情绪高涨，城市文化艺术文化迎来了新的机遇。互联网发展背景下，如何探索城市文化艺术传播新模式是摆在每一位城市文化艺术资源传承工作者面前的新课题。著者认为应该借助互联网优势，利用好沈阳城市文化艺术资源这一张名片，以旅游带动城市文化艺术资源，让更多的人认识到沈阳当地城市文化艺术资源，然后根据互联网黏合效应，针对特定群体展开线上线下多元互动传播。一方面吸引更多的人直接参与到作品创作、城市文化艺术资源品牌宣传当中；另一方面培育成熟、理性的受众，他们可以间接承担传播功能。引入信息化手段，大力发展产业新业态。针对沈阳的城市文化艺术产业发展，传统的发展模式已然跟不上信息化时代的变化，因此需要对城市文化艺术产业结构进行调整。通过"互联网+城市文化艺术产业"创新发展业态，是推动城市文化艺术产业结构调整的可行措施。依托互联网，大力发展"电商+文化创意"模式，经营者可以通过互联网发布文化产品信息，进行技术咨询，进行产品线上交易，这既改变了原有的模式，也催生了相关配套行业，有助于推动城市文化艺术产业结构调整。

沈阳旅游企业的服务模式建设中，应当加快建立一体化服务模式，在一体化服务模式建设中要注重不同职能机构业务的对接，整合服务资源，这样才能全面、一体化地为城市文化艺术创意企业和城市匠人提供服务。沈阳旅游企业应当不断优化现有产品，要对现有文旅产品进行全面的梳理和评估，对那些市场满意度高、游客认可度高的产品继续加大推广力度，对同质化的产品进行清理。另外，还要积极借鉴其他类型产业的服务经验，与之建立合作伙伴关系，通过交流合作的方式掌握前沿服务思维，借鉴新型市场服务机构的先进做法，开发有针对性的产品类别，突出综合性、个性化的产品标识，顺应乡村振兴复杂多样的需求发展形势。

沈阳城市文化艺术资源的开发利用涉及许多市场利益相关者，利益相关者合力才能组成一个较为完整的产业链。如何打造稳定的产业链，最重要的是拥有一个完善的利益分配机制。首先，城市文化艺术资源著作权人、运营商与使用者之间必须建立符合整体利益的科学利益分配机制，利益分配机制可以为内容提供商提供城市文化艺术资源素材，这些城市文化艺术资源素材必须是产业链当中其他参与者也认可的素材。其次，内容服务商要在进行内容宣传、市场营销的同时，加强与游客群的联系，将时间精力更多地投入内容互动当中。最后，版权保护商要在授权和反盗版方面给予充分的支持，例如可以协调内容提供商与服务提供商，建立一个有关数字城市文化艺术资源版权交易的平台，还可以设立一个监督平台对相关交易进行监督。

对于沈阳城市文化艺术资源开发利用而言，内容创新是文旅业赖以生存的根本，是提高传承质量和水平的重要保障。应努力挖掘沈阳当地城市文化艺术资源的优秀遗产，策划符合时代需求和精神层面的文旅项目选题。沈阳拥有丰富的城市文化艺术资源，这些资源素材是文旅机构"取之不尽"的文旅资源宝库，但如何能够找到好的选题，并结合时代精神和市场需求呈现特色，是较为困难的事情。著者认为文旅机构应该做好选题规划，不能偏于学术化视角，也不能偏于大众快餐型视角，要形成可以系列开发且能够持续运作的选题叠合效应，努力为游客呈现城市文化艺术资源的特色和魅力。内容创新不是要颠覆传统、恶搞城市文化艺术资源内容，而是形成以内容为核心的软件平台、软硬件解决方案、知识服务产品、智能化内容的多层次产品体系。

一方面，在沈阳城市文化艺术资源传播管理实践中，应不断加强对优秀人才的选拔聘用，优化人才专业结构，提高引入人员的综合素养，逐步增加年轻人员比例，改善从业者专业结构。同时，要引入具有国际城市文化艺术专业背景的人才，保证人员结构与国际化接轨，注重多元知识结构背景的人才选拔，不断提高人员的综合素养。另一方面，在招聘选拔工作结束后，还应继续加强新员工的培训，根据不同岗位实际需求，结合自身知识能力背景开展有针对性的培训工作。对于基层操作人员，加强相关能力培训，有计划地开展城市文化艺术综合型人才培养。针对市场岗位人员，强化其网络知识能力及市场开拓能力。

城市文化艺术传承发展应当考虑市场主体的发展需要，尽可能为人员的培训提供和创造更多的条件，促进其发展能力的提升。城市文化艺术传承发展必须突出市场主体发展的目的性，无论是文旅机构市场从业者还是城市文化艺术手工业者，市场主体培训都应当精准定位培训目标。城市文化艺术传承发展应当紧贴实际需求，满足市场主体的职业锻炼和实训效果体验。

城市文化艺术传承发展应当重视城市文化艺术文化资源的使用效率，对城市文化艺术文化资源进行分类、整理，在当前文旅深度融合的背景下，城市文化艺术资源提供者从单一市场主体过渡为多元化市场主体。城市文化艺术传承发展应当重视城市文化艺术文化资源的渠道铺设，扭转单一的线下渠道，重视"线下+线上"渠道铺设。在互联网技术加持下，城市文化艺术资源会更加丰富，像冰雪旅游等当地著名的文旅资源都可以得到充分开发利用，各类隐性的、显性的城市文化资源都能够为文旅产业发展助力。

尤为重要的是，城市文化艺术传承发展必须强化城市资源的开发载体，推动单一的文字宣传类载体向多元化宣传载体发展。在文旅机构的支持下应当积极推进融媒体等联合平台合作，积极促进城市文化艺术各类资源的内部优化和整合，可以由相关部门进行跨部门合作，积极推动融媒体实现整合，让合作平台得到提升。这样做可以汲取市场主体合作方的技术成果优势，让城市文化艺术资源的使用效率得到提升，进一步帮助融媒体健康有序发展。

城市文化艺术传承发展应加强对文旅市场前景的预测及趋势分析，精准化定位文旅市场未来的潜力增长点及发展需求，让沈阳文旅融合发展更加科学。文旅市场的科学预测及趋势分析是衡量文旅融合质量的重要指标之一，通过科学预测文旅市场现状，精准化把握发展趋势，真正使城市文化艺术产业化健康有序发展。按照当前沈阳文旅市场发展现状，文旅市场预测所依据的指标应当更加严格。在过去的文旅市场发展预测中，预测依据较为单一，主要依靠结构化数据进行预测，这样其实不能客观准确地反映出融合的效率。沈阳只有积极采取发挥区域资源优势、加大技术创新带动产业结构调整等措施，才能进一步调整文旅融合方向，扭转文旅融合不充分的局面，这样也有利于城市文化艺术产业化发展，最终实现高质量传承发展的目标。

提高城市文化艺术资源传播意识。传播组织个体行为理论认为，传播主体的传播意识是一切认知活动的前提和条件。随着艺术传播改革的不断推进，增强市场主体自主学习能力势必会成为人才培育的重要目标。

结合传播组织个体行为理论与艺术传播实践的契合维度，应该让传播意识在艺术传播中占据重要地位。传播主体将学习内容作为唯一认知对象是一切传播行为的前提，城市文化艺术的传播也是如此，把握传播规律，加强传播意识，对培育市场主体的艺术理性思维和创新能力具有重要的借鉴作用。传播意识揭示了这样一种思维运动模式：确信—怀疑—确信。这种思维运动恰好是主体认知活动的基本学习模式，我们可以理解为"知识—体验—调整"的循环模式，每一次的调整都创造了新的知识并作为进一步体验的前提和条件，又为新的调整创造了学习的新内容。

应该积极发挥示范效应，引导市场主体在城市文化艺术的学习中明白传播意识的重要性，自觉树立传播意识。市场主体自身也要有传播意识、传播思维和科研方面的传播项目创新能力。通过榜样的示范作用，让市场主体深入具体地了解到传播意识在科学活动当中的重要价值，感受到文化传播精神的现实意义，结合自身的体会在实践中不断摸索，提升自己的学习品质。传播意识是学习品质的重要组成部分，学习型组织理论认为，学习的核心目标就是掌握系统思考的能力，传播意识则可以帮助市场主体系统性地思考相关问题，在问题中加深对城市文化艺术这门古老又年轻的艺术的思考。市场主体应建立起自主思考能力，提高传播意识和传播能力。传播的本质是培养具备综合素质的人才，合格的人才除了具备专业的理论知识，还要具备优秀的思维感知力、判断力、创新力。

城市文化艺术传播发展不仅需要相关的理论知识，还需要实践动手能力，其中想象力和创新力是至关重要的，甚至后者更为重要。观念的转变就是要让市场主体认识到城市文化艺术资源不仅是纸面知识，更是一种活生生的实践艺术。城市文化艺术传播要让市场主体掌握创新思维，在实践中不断增强城市文化艺术资源学习意识，提升艺术思维整体水平，这也是艺术传播的要求。通过不断加强自身的创新思考，无疑对于提升市场主体的创新能力具有正面的导向作用。

城市文化艺术资源传播不仅要重视结果，更要重视过程。因此，传播工作者要对城市文化艺术资源传播拥有正确的认识，以市场主体的潜能发展为切入点，凭借城市文化艺术资源这一突破口激发市场主体的多元智能发展，包括城市文化艺术资源体验能力、空间感知能力等，促进市场主体身心协调发展，帮助市场主体树立正确的人生观、价值观和奋斗观。

沈阳积极推动城市文化艺术资源传播项目，并且在实践中取得了一些成绩。通过城市文化艺术文化符号的设计、传播，让城市文化艺术走进校园等活动，极大地提升了市场主体对城市文化艺术的兴趣，为市场主体艺术传播的内容丰富化、结构多元化提供了新的选择。市场主体在这样的氛围中耳濡目染，体验到了城市文化艺术蕴含的历史、人文、美学等内涵，牢牢地建立起了城市文化艺术的形象，起到了潜移默化的传播效果。

增加城市文化艺术资源传播设施设备方面的投入。城市文化艺术资源传播需要相应的设施设备给予支持，尤其在当前互联网技术快速发展的背景下，充分利用相关设施设备可以让传播形式更加丰富多元，以此满足多元化的传播需求，让城市文化艺术资源传播内容更加生活化。市场主体要紧贴传播实际需求，为城市文化艺术资源传播提供充足的设施设备保障。城市文化艺术在传播中具有特殊的价值，城市文化艺术作为民族民间艺术，拥有丰富的艺术内涵，呈现出了多元化艺术元素。不同的市场主体在接触到了城市文化艺术之后，会寻找自己感兴趣的点继续深入了解城市文化艺术。因此，城市文化艺术融入传播中就必须考虑到差异化学习需求，市场主体要服务于这种差异化的学习需求，尽可能地满足市场主体的个性化要求，为市场主体创造良好的学习条件和氛围。

在传播实践中，沈阳在开展城市文化艺术资源传播中要把握市场主体的学习需求，例如对市场主体的学习兴趣、学习目标、技能掌握程度等进行科学分析，最大化地满足市场主体的各方面锻炼和学习效果体验。通过优化相关传播模式，让市场主体的多元化、个性化学习需求更容易得到满足。要为市场主体提供不同类型的学习体验，针对不同的学习内容提供适合的传播方法，提升市场主体自主学习体验效果。市场主体要不断丰富线上及课外传播内容、优化传播形式、创新传播载体、挖掘城市文化艺术元素，探索出符合城市文化艺术特征、市场主体学习需求的传播模式，开发出科学完善的城市文化艺术资源社团体系，保证城市文化艺术高质量融入传播实践当中。

市场主体要重视互联网，主动拥抱互联网，充分认识到互联网所带来的传播发展机遇，充分认识到互联网对传播的积极影响和作用，善于利用"互联网+"传播软件或平台。市场主体应当增强传播责任心，认识到提升自身信息化传播素养的重要性，认识到提高网络资源的使用效率对传播的积极作用。

线上传播是当前沈阳开展城市文化艺术资源传播的重要平台。通过线上可以让市场主体更加系统、全面、专业地了解和掌握城市文化艺术资源文化的特性，如城市景观的绘制等，进一步加深对城市文化艺术文化的认知。当前沈阳在城市文化艺术文化的传播开展主要对线上讲座等形式进行了尝试，取得了不错的效果，保证市场主体在愉快轻松的学习氛围中了解了城市文化艺术文化知识。同时，重视艺术传播的渠道扩展，通过自身平台优势和资源优势，在城市文化艺术的传播方面加大了投入力度，尤其重视对原始资料的搜集、整理、分析、研究，为城市文化艺术文化的传播、创新奠定理论基础，充实了相关课程内容。

在博物馆文物的历史演变方面，通过开展实践传播活动，让市场主体对文物材料构成、性质、使用价值等方面展开系统化研究，为相关课题开展提供有力支撑。另外，管理队伍建设也是传播环境的重要组成部分。加强管理队伍建设，培养一流的专业人才是摆在面前的一道现实难题。如果缺少合格的人才，就无法让城市文化艺术传播工作可持续发展。

企业文化也是传播环境的有机组成部分，沈阳应加快企业文化建设，将沈阳城市文化艺术资源与企业文化捆绑，实现城市文化艺术普遍传播。当前沈阳一些企业每年定期开展以"传统文化"为主题的企业文化活动，为城市文化艺术的展示提供了优质环境。

市场主体应当将城市文化艺术传播课题研究落实在学校，用学术课题带动传播实践发展，用研究成果服务于城市文化艺术传播。构建成熟的城市文化艺术传播项目，积极完善城市文化艺术非遗传播活动的流程，将城市文化艺术传播实践作为市场艺术传播工作改革的试金石。在确定课题过程中先邀请城市文化艺术代表参加课题研讨会，结合城市文化艺术传播事项设计课题研究方案。例如，围绕"城市文化艺术产业现状"课题，让城市文化艺术传播代表人介绍行业内发展情况、工艺等创新趋向等，初步确定课题研究目标，为今后的学术研究提供经验。

课题研究展开后，根据课题具体内容为市场主体设计可操作可实践的作业内容，例如调查本地区的城市市场情况、市场上有哪几类城市产品、城市产品销售情况如何等。通过这种方式让市场主体在完成作业的时候真正地动起来，帮助市场主体积极结合实践活动激发对于城市知识的探索兴趣，对于市场主体思维能力的延展具有良好的促进意义，对市场主体艺术核心素养的进一步培养都是极为重要的。

在课题实施过程中，市场主体可以进行课题传播的实录，在课后搜集整理作业并针对线上效果和作业的反馈进行反思，同时针对性地进行改进。

另外，将学术课题研究落实在实际传播活动过程中可以激趣增识，提升市场主体解决实际问题的能力。

在确定课题过程中先邀请城市文化艺术非遗传播代表人参加课题研讨会，结合城市文化艺术非遗传播事项设计课题研究方案。例如围绕"沈阳少数民族城市文化艺术非遗创新"课题，让城市文化艺术非遗传播代表人介绍行业内发展情况、城市文化艺术作品创新趋向等，初步确定课题研究目标，为今后的学术研究提供方便。城市文化艺术非遗线上模式发展应该推出相应的精品课程，完善精品课程认证，创建一批具有地方民族民间城市文化艺术特色的精品课程。

作为衡量城市文化艺术文化传播质量的主要指标之一，传播热情有利于提升城市文化艺术传播工作的质量，它能调动和发挥城市文化艺术传播主体的积极性。增强传播意志力是提高传播兴趣的主要途径之一，市场主体如果在参加市场主体组织的传播活动中没有将兴趣带入传播过程当中，那么最终很难提升传播效果。俗话讲"兴趣是最好的老师"，兴趣可以为市场主体学习提供持续性的认知倾向，使其对学习保持探索的兴趣和渴望。

随着沈阳当地市场对城市文化艺术文化传播重视程度日益增加，市场主体的传播主动性就显得尤为重要。通过观察，许多市场主体对城市文化艺术文化具有一定的热情和兴趣，因此要围绕其兴趣创设网络传播群等线上平台，引导其将热情投入具体的传播活动中。

近年来，中小学城市文化艺术资源社团在传播城市文化艺术资源方面取得了积极成果，积累了丰富的经验。通过城市文化艺术资源社团活动发扬传统是未来值得继续拓展的途径。当然，沈阳各地市场主体相关实践仍然处在初步阶段，未来应当从社团活动课程、社团活动内容广度方面着手进行拓展。

城市文化艺术具有较高的传播价值，通过城市文化艺术资源社团活动不仅可以丰富城市文化艺术资源传播内容，拓展城市文化艺术资源传播形式，解决线上传播乏力等现象。市场主体应当结合现有师资水平、传播空间、设施设备等条件，积极开展社团活动，丰富城市文化艺术资源社团活动内容，开发符合城市文化艺术特征的社团课程，结合市场主体年龄特点、兴趣爱好、资源条件继续开展有质量的、系统化的城市文化艺术资源社团活动。经过不断充实和完善，未来可以逐步形成具有城市文化艺术特色的社团活动课程。

传播组织个体行为理论强调营造良好的传播氛围，包括线上传播环境、学术研究环境、企业文化环境、管理环境等，用精神鼓励、物质奖励来营造传播氛围。传播氛围体现在市场的方方面面，要让市场主体随时随地都能够感受到一种"学习型"氛围的存在，这样有利于城市文化艺术的传播工作开展。市场可以定期举办高质量的关于城市文化艺术的学术讲座，营造良好学术氛围。

学习型组织是指拥有共同价值理想目标的团队成员为了实现共同信念而不断创新、不断突破的组织，市场主体之间会互相影响。沈阳在开展城市文化艺术资源传播中，应该积极树立集体及个人榜样，正面引导市场主体相互之间借鉴学习，实现共同信念。同龄人之间相互影响是不可避免的，因此要积极看待这种现象，发挥其正面效应，在校园网上设立城市文化艺术学习园区模块，体会到传播的意义所在。例如有的市场主体对城市漆料感兴趣，可以专门开设漆料的主题活动，让市场主体深入地掌握相关知识。校园成员的相互影响是一个值得思考的问题，市场主体之间存在着"消极传染"的现象。由于特殊的身心特征，市场主体有着相似的性格、价值观、情绪感受和行为动机，因此很容易形成模仿、复制，相互之间的影响无法避免。

积极的传播环境容易带动全体成员相互学习、相互借鉴、共同进步；消极的传播环境会让市场主体追求现代文化，对于城市文化艺术文化缺少了解兴趣、学习动机等等，时间久了大多数人都会受此感染，形成一种集体性的"逃遁"。传播心理学理论认为，人具有自然和社会双重属性，个体行为的产生也受到这两种属性的影响。因此，市场要加强传播管理机制建设，从机制上推动对市场主体传播城市文化艺术文化的外部刺激，规范好市场主体的学习行为。

完善相关学风组织建设。传统学风组织机构的优势是可以集中力量开展民族传统文化传播活动，劣势是责任划分不清晰、互补效应差。在城市文化艺术产业化背景下，市场应根据自身的办学理念、学科类型等，为城市文化艺术文化这样的优良民族艺术传播制定合理的目标和定位。完善管理责任链，消除责任"模糊地带"，优势互补，形成动态的可持续的传播管理组织建设机制。

根据相关研究，当前市场在开展城市文化艺术资源传播过程中，如果有完善的流程则会事半功倍。从计划与准备、控制与执行、评价与创新三个层面去完善流程对城市文化艺术文化传播具有重要的指导意义。第一步是计划与准备。计划与准备在传播组织个体行为理论当中被认为是一种"意志力"的体现。这种行为是一种事前准备，需要主体筹划才能完成，属于认知之前的工作。传播的计划与准备阶段首先要将认识活动作为认知对象，提前设计好动机、方法、目的。然后将认知活动予以执行，并对整个活动进行监控、调整。比如对于一个新的漆器制作工艺应用课题，要计划好它的学习周期、学习方法、学习目标，包括工艺难易程度、涂漆技术重点等。第二步是控制与执行。传播是贯穿于整个学习活动中的，控制与执行是最为重要的环节。做好计划之后，多利用反思和批判的思维模式对执行过程给予监控，考察是否按照计划的安排执行，是否掌握了技巧要领，目的是否与动机一致等。这些都需要意志力来完成，主体的意识要牢牢把握认知活动这一对象，排除其他因素干扰，严格将认知活动作为唯一的监督对象。第三步是评价与创新。执行完毕后，通过科学评价，对学习的目的及过程进行反思总结，考察整个传播过程当中的知识和体验环节，衡量整个策略是否需要改进创新，如果需要创新则确定创新对象和方法。

城市文化艺术品牌营销强调传播管理的作用。市场营销理论认为管理者应该在品牌营销中扮演中心角色，对管理决策、管理执行、管理评估发挥主体性作用。管理者行使管理职能时，应该允许市民参与到品牌营销当中，并且激发他们发挥主人翁精神，使他们充分意识到自身的权利，品牌运营商不是唯一的城市文化艺术资源传播者，市民也应当承担城市文化艺术品牌传播的职责，这样就能够形成良好互动模式。市场营销理论强调营销利益最大化。城市文化艺术品牌营销的追求是实现文化利益和市场利益的统一，这也是城市文化艺术资源传播管理追求的目标。

沈阳城市文化艺术资源传播过程中，主要坚持"高标准、专业化、高质量、体系化"等目标。首先是"高标准"。沈阳推动城市文化艺术资源传播中严格按照以人为本等原则实施，在传播技术等方面严格按照相关要求展开。其次是"专业化"。沈阳推动城市文化艺术资源传播过程中积极推动城市文化品牌工程等大型文旅项目，无论是技术应用，还是人才队伍建设都强调专业化管理。再次是"高质量"，沈阳将高质量作为城市文化艺术形象建设的重要环节，例如主导建设的城市文化艺术品牌质量标准管理中心，提供了质量保障，增强了消费信心。高质量的传播管理活动始终在其中发挥重要作用，处处可见。最后是"体系化"。沈阳努力打造体系化的传播发展模式，例如城市文化艺术产品品牌化推广体系、商标注册认证体系、质量安全可追溯体系等，为城市文化艺术品牌营销发展保驾护航。

第二节 管理者视角下的传播升级路径

城市文化艺术资源实际传播方式分为三种：原生地原生传播、原生地次生传播、离散地衍生传播。原生地原生传播是城市文化艺术资源内部固有的一种实践传统，具有自发性、内源性、稳定性、持续性等特征。这种传播路径长期以来支配着民族的物质世界和精神世界，其实践能够唤起城市文化艺术资源的历史记忆和精神寄托。

在过去封闭的自然时空场域下，原生地原生传播作为城市文化艺术资源主要的传播路径，对文化历史记忆和精神传递发挥了主导作用。在当前开放多元的社会语境下，虽然城市文化艺术传播具有原生地传播惯势，但是人们难免受到现代商业文化逻辑的短期利益诱惑，做出一些本末倒置的行为，长期看不利于城市文化艺术资源的传播的可持续式发展。在现代传播背景下，沈阳本土的城市文化艺术人作为主位传播者，应该具备自觉意识，在现代新型社会语境下掌握话语权，积极主动参与到城市文化艺术资源传播中，以原生地原生传播方式为载体搭建多元传播路径。原生地原生传播方式是身教亲历，优点是可以原汁原味地沿袭城市文化艺术特征，缺点是不利于推广，对管理者的综合素质要求很高。因此，当地可以成立传播学院，搭建以原生地原生传播方式为主、以其他传播方式为辅的多元传播路径。在这种路径构建中，外界能够给予本土传播主位者积极的政策指导和专业建议，帮助其发挥内生原动力，避免喧宾夺主，尊重其城市文化艺术资源权益和价值。

城市文化艺术传播本质上是一个主体觉醒的过程，在现代多元文明冲击下，城市文化艺术的原生地原生传播意识虽然很大程度上被遗忘，但是并不意味着它无法回归。如前文所述，回归不是退回原地，而是一种自我超越的精神，何况，以传播学院搭建的多元传播路径实践本身就是自我觉醒、自我超越的一种具体表达。另外，应当从"线上"传播回归到"线下"传播。传统信息化技术传播只是一种静态的抢救式手段，虽然它能直接地将传播内容呈现在大众面前，但是很难走进人们的内心。

另外，网络上的信息庞杂，类型多样，大众的注意力很容易被转移，因此这种手段的传播收获甚微，必须有效地将"线上"与"线下"结合起来，形成延伸效果，从网络的连接走入人的连接。当前一些沈阳的大学生在豆瓣等社区上成立"趣"群，目的是将拥有共同娱乐属性的用户黏合在一起，以"趣"相投，营造"趣"群。例如，2023年沈阳第十届漆画作品双年展举办前夜，他们通过"趣"群迅速召集了许多喜爱城市文化艺术的在校大学生，第二天及时赶到现场，没有错过这一场城市文化艺术盛宴。令人难忘的是，整个过程中"线上"信息发布、沟通、协调、更新的转化效率极高，快速将虚拟网络世界还原于真实的人的世界，期待未来能够有更多这样的传播活动。另外，还要建立数字化虚拟城市文化艺术生活世界体验馆。生活世界体验馆是"生活世界"的实践的再现，数字化技术的应用是"生活世界""物质世界"的亲密接触。这里强调的"生活世界"不是日常生活的"舒适圈"，而是指特定时空环境下人与生活汇聚中的本真性场景再现。显然，原初的生活场景已经消失在历史长河中，而通过数字化虚拟现实技术的应用，高度还原这样一个本真性场景，通过视觉、听觉、触觉等感官感觉让潜在集体记忆重新呈现，让逝去的老人重新"讲述"城市文化艺术的历史，讲述漆器的古老故事，让消失的漆画复现，让生活在现代城市中的人在"生活世界"中有机会重新审视商业世界中如何传播城市文化艺术资源。

沈阳要积极加强规划布局，促进城市文化艺术与旅游产业融合。根据产业集群理论，对不同的产业进行合理规划和布局，有利于整合产业各要素，提高协同性和关联度，更快速地满足企业和居民的多样化需求。具体可以从以下几方面入手：可以完善公共服务节点、科学规划，积极打造人文景观功能区；还可以通过开敞式设计，将占地面积过大的绿化区域适当改为文化商业休闲区，这样既可以创收又可以促进产城融合；也可以尝试建设"城市文化圈+双创人文社区"，为整个沈阳现代传播产业提供公共服务、商业服务和创新创业服务，融合各类文化组团；发挥创意经济园等双创载体的辐射带动作用，建成低成本、便利化、全要素的双创人文社区；探索通过技术服务、产业链协同、异地孵化等联动发展方式，创新区域合作。

一、管理结构优化

管理结构优化是产业发展的必经阶段。管理结构优化就是将管理集中化发展转型为合理化发展。集中化不代表合理化，合理化一定是实现高效化的必由途径。合理化的实现必须由政府加强主导，通过政策来进行内部宏观调配，实现各管理部门均衡协调发展。因此政策必须有针对性，就是促进管理结构合理化，要与传统的粗放式政策相区别。针对本土企业要实施不同的扶持政策，避免"一刀切"。鼓励高科技含量的文创产品、高附加值文创产品发展，对此优先给予税收等方面减免，尤其对知名的文创品牌企业，不仅要减免税费，还要尽可能地提供专项政策扶持，例如人才培养、技术投入等，要鼓励具有创新技术的企业发展，可以以政府参股的形式介入，以五年、十年为期限，之后政府逐渐退出，将股权交给社会资本。同时，要将政策向本土电子商务、信息服务等新型产业倾斜，可以免去其前五年或者十年的税费。针对外地企业或者投资者，要优先筛选与有意向的且有能力帮助实现沈阳管理结构优化目标的企业合作。过去针对外部资本的政策现在来看过于宽松，现在，不仅要实现政策的精细化，具体落实到细节，执行及监督也要精细化，让外地企业和资本在本土深耕下去，共享文创产业发展成果。

二、制定和实施管理结构规划

沈阳要对本地区现代传播管理结构升级采用一定的宏观调控手段，通过宏观调控直接或者间接影响到当地文创管理结构规划和产业布局。沈阳市政府可以充分利用"一带一路"发展契机和国内消费市场升级机遇，在分析本地优势、劣势的基础上，确定具备市场优势和潜力的企业，针对这些企业颁布"绿色"财政政策。沈阳市政府要根据本地土地规划情况加强限制产业的区域布局，例如传统建筑装潢等产业应该被纳入限制产业，对沈阳的城市特色文创内容，像漆画、现代漆器家具等新兴产业进行积极财政政策扶持，可以直接干预产业升级中的投入要素，例如加强有关资本要素区间流动的比例、劳动力流动的数量等。沈阳应该通过社会支付报酬、政府购买等行为合理引导需求结构的变化，促进生产要素的产业间流动，从而形成产业集群效应。

三、推进产业技术创新，深化体制改革

服务业是衡量文化管理结构的重要指标之一。推动技术创新，可以为地方政府现代传播管理结构优化提供可持续动力。第一，全面推动城市文化艺术文化产业与旅游产业深度融合发展。沈阳要按照创建全域旅游示范区的要求，不断推动旅游产业与城市文化艺术产业的融合。例如将当地的城市文化艺术文化与黑土地文化等旅游业资源与资本结合，推出草原观光、乡村休闲等旅游重点项目，衍生出特色文旅产品，带动整个旅游产业链可持续发展。另外，可以考虑城市文化艺术文化群项目的旅游资源挖掘，先从景点基础设施开始建设，逐步发展出景区，最后实现 A 级景区创建目标。第二，有序推动当地商贸物流业发展。沈阳应该积极促进商贸流通领域的扩大，积极培育本土化企业，利用口岸通道进一步完善出口城市文化艺术文化种类。同时它还要加快建设电商销售体系，可以尝试探索网销活动，在此基础上实现文创产品标准化、电商化和品牌化。第三，重视新型"文创+服务业"技术创新模式发展。沈阳要结合当地实际情况，重视民族传统手工产业的发展，提高技术创新力度和水平，例如研发文创 App 等软件，对于发展当地民族传统手工艺产业也具有积极的作用。

四、发挥区域资源优势推动现代文旅产业发展

城市文化艺术应该发挥区域资源优势，不断推动现代文旅产业发展，实现文旅管理结构合理化、高度化。政府要加大现代文旅产业基础设施投入力度。在当前新扩建的文旅产业园区项目当中，要增加现代基础设施设备，如电力、信息网络等，保障文旅产业园区有充足的发展基础条件，提高设施文旅产业发展的积极性。延长产业链，提高产业附加值。现代化文旅产业的标志是产业链的完善和成熟。政府还可以借助当地甘其毛都口岸经济窗口资源优势，协调当地文旅产业与旅游景区进行合作，扩大产品外溢。通过制定优惠政策扶持高品质文旅产品发展，促进产业内部结构差异化，将区域优质资源向文旅产业倾斜。借助公用文旅产品发展契机，促进文旅产业内部结构的多元化，培养集生产—供给—销售于一体的完整体系，优化文旅产业内部结构，促进合理化，培育新的文旅产品品牌。

五、加大技术创新带动文旅管理结构调整

沈阳应该积极推动管理结构调整，加大技术创新带动效应，这样才能解决管理结构失衡的问题，推动管理结构合理化发展。加大对技术型产业创新投入。如前文所述，当前城市文化艺术发展中，轻工业较为密集，传统手工业及加工业是主导产业，而技术型产业尤其是高科技附加值产业比例很少。而重工业结构中，资源型产业占据绝大多数，加工技术进步慢，内部结构失衡。因此要加大整体产业技术投入力度，让传统的产业实现优化。以文旅产业园区为载体，采取阶段性发展战略来实现文旅管理结构优化。刚起步的文旅产业园区，可以利用自身的优势，多引入一些具备高科技知识含量、高附加值潜能的企业，多发展一些具有长期利益的项目，为后续工业结构优化提供有利条件；已经具备一定技术优势的文旅产业园区，要根据自身发展需求有选择性地与一些企业进行合作，应该加快从外部引入先进技术，进一步提升文旅产业附加值和竞争力。

城市文化艺术传播发展中应当强化管理，尤其在信息化技术支持下，

沈阳要通过建设智慧型旅游、生态型旅游等新型模式，让城市文化艺术传播实现智能化、信息化发展，让产业前沿发展观念和路径在城市文化艺术传播发展中生根发芽，这对于当地城市文化艺术传播发展至关重要。智慧型旅游管理模式是指凭借新型物联网、云计算、人工智能、泛在感知等科技力量，积极构建物联化、智能化、感知化、信息化的新型管理模式体系。

城市文化艺术传播发展离不开互联网技术的支持，善于使用互联网技术也意味着将传统的产业管理机制过渡为智慧型、科技型管理机制。城市文化艺术传播发展中，具体的管理应当实现信息共通、共享，打破传统的管理信息孤岛，让各项管理要素得到充分整合，这样才能在节省管理成本的基础上推动产业管理的自动化、个性化发展。城市文化艺术传播发展中，包括管理决策、执行、评估等一系列活动要素都能够在互联网技术支持下变得更加迅速，信息接收和反馈也更加迅速，管理响应机制建设的重要性日益凸显。

六、沈阳要完善人才培养机制，建立健全联合培养机制

在科研层面，要继续加强高职院校与创新企业合作，促进产学研用深度融合。在政策层面，要加强针对创新型市场主体的政策支持力度，为这类产业的发展开政策绿灯，尽早实现其产能转化，让产业发展重心朝着这类新兴产业转移，提升产业附加值，带动产业链条逐步完善。重点要放在金融政策上面，沈阳市政府可以牵头成立新兴文创产业基金等，为初创企业解决实际困难。在人才层面，应该结合产业发展战略，建立文创人才培养机制，成立文创人才储备库。一方面，积极引进外地优秀高端人才，特别是熟悉新兴产业园区法律、管理等方面的人才；另一方面，培养本地人才，鼓励本地大学生报考本地急需的文创专业，毕业后为其提供为本地文创产业发展服务的机会。在人才保障层面，要加强文化创意人才培养机制和特殊人才引入机制，保证人才储备充足，调整合理结构，突出层次性，保证信息与文化产业领域所需要的专业人员供应充足。

七、有效的评价可以促进产业科学健康有序地发展

沈阳应做好包括前期、中期、后期在内的有效的评价机制建设，加强前期对投资项目的评估力度，提高中期对产业运行发展及资源投入情况的评估水平，丰富后期对产业对经济增长的评估标准。政府应承担起相应责任，加强相关从业者传播意识教育，培育他们树立健康的文化产业伦理生态观。各级政府要改变传统的文化政绩观念，深入学习和了解当地城市文化艺术文化的文化内涵和价值，以理性的态度审视城市文化艺术传播发展中出现的问题，对商演投资方严格审核，对商演活动的内容、形式进行严格把关，本着宁缺毋滥的质量原则，举办高质量的传播活动，坚决取缔游走在伦理道德边缘的商演活动。推动喜闻乐见、口碑良好、质量上乘的城市文化艺术创作，通过这样一个范本效应，扎实推进城市文化艺术文化的传播发展。要加强相关从业者的传播意识教育，增强其民族自豪感和荣誉感，实实在在地维护好城市文化艺术文化遗产的净土。

八、鼓励城市文化艺术与创作题材融合

大力鼓励包括城市文化艺术与创作题材的融合、与创作材料的融合、与民族美术的融合。城市文化艺术在与创作题材的融合中，涉及沈阳的民俗民族文化、特色城市活动项目；与创作材料的融合中，涉及通过文旅创意产品等表现沈阳民族文化特征；与民族美术的融合中，涉及多种现代城市艺术元素等，要将其运用到城市文化艺术产品创作中。以东北民歌为例，东北民歌在旅游项目中极具在场感，通过肢体、曲调、和声、曲式、节奏、力度等各种音乐要素富有个性的结合方式，可以产生出一种独具特色的音响，从而给人带来别具一格的体验。

作为较为小众的城市文化艺术资源，能够吸引较为细化的城市文化艺术资源观赏群体。这种融合方式体现了城市文化艺术市场逐步走向精细化的过程，这种带有明确的艺术风格定位的城市文化艺术资源，很可能成为今后沈阳现代传播发展的主要趋势，它不但可以打造城市文化艺术品牌的

高识别度，还将对培养某一游客群体的市场发挥积极的作用。旅游体验是城市作品同游客意识真正联系、被游客接受的必要形式。

深度融合离不开产品研发创新，沈阳城市产品的研发创新要在理论上的创新、实践上的创新方面下功夫。在理论上的创新研究中，涉及如何以沈阳地域城市文化艺术传播作为新的切入点，通过调研及案例分析，总结出城市文化艺术产品的创新开发设计原则、设计策略、设计方法；在实践上的创新中，涉及如何进行空间造型的创新、材料工艺的创新、种类样式的创新、思维方式的创新。传统漆文化结合旅游资源研发出来的各种产品具有吸引力，以漆工艺品形式物化旅游资源的形式美。

九、建立市场服务保障制度

结合产业实际从制度层面为市场主体服务商提供保障和推动抓手，以组织力换取高效执行力。支持相关机构承接更多政府下放的市场服务职能。要建立第三方参与监督机制，站在市场视角，及时汇总反馈评价结果，全过程、全流程督促网点加强市场服务质量体系建设。加强常态化培训宣传，使企业树立一流的服务意识。要充分考虑产业服务当中的各影响因素，注重管理个性与统一服务的融合，体现多元化元素的服务共识，在对外口径上形成标准相对统一的文化品牌，同时加强管理机构文化载体建设，切切实实将管理职责使命与沈阳城市文化艺术产业发展紧密融合，展现管理自信。最后还要完善市场服务保障体系，这关系到城市文化艺术市场化质量，因此要建立健全多层次、多样化的城市文化艺术市场服务保障体系。如开发多样化的城市文化艺术行业保险产品，根据城市文化艺术市场主体的特点，保险产品应该具有适度的保障，同时保费低廉。根据实际情况建立城市文化艺术行业保险保障制度，这样有利于控制市场风险，从而更好地提高管理质量。

值得一提的是，数字化技术发展为城市文化传播内容定制化服务提供了契机，尤其在当前市场需求多样化的情形下，数字化技术能够满足受众多样化、私人化的定制服务，以此不断提高市场竞争力，未来定制化服务势必会成为城市文化艺术资源传播应用的一大方向。城市文化传播内容定制化服务涉及节目定制、节目分析、推送等环节，因此未来发展基于大数据技术、人工智能技术的定制化服务具有实用性价值。从城市文化传播工作者角度看，可以利用大数据等技术对受众的偏好和行为模式进行精准化分析，通过搜集受众相关信息，例如观看数据、互动数据等，掌握受众的观看习惯、行为模式等，然后定点进行推送推荐，由此构建起海量的数据池。再由技术人员对数据池进行统计分析，利用人工智能算法进行深入分析，最终定制出符合市场需求的城市文化传播内容。

大数据等技术可以帮助城市文化传播工作者提高对市场的预判能力和识别能力，吸引更多的受众积极参与。从受众角度看，受众对城市文化传播内容的需求是多样化的，对城市文化传播内容产品有定制化服务需求，在这种需求反馈至城市文化传播制作中心的过程中，大数据等技术会合法合规地给予其加密保护。随着数字化技术的发展，融媒体城市文化传播平台未来会成为主要趋势，这既是数字平台内部整合的必然结果，也是城市文化艺术资源传播应用的新方向。从个性化内容推荐方面看，数字化技术可以将云计算等多种技术综合起来，在云平台上实现对海量数据信息资源的存储运用，以此来支持大规模数据信息的实时化处理和分析。融媒体传播平台则能够提供充足的数据信息，支持个性化内容推荐。从节目内容管理方面看，融媒体平台可以优化管理流程，将音视频、图片等数据存储及处理的流程变得更加一致连贯。

数字化技术可以实现内容的自动适配，不同的平台可以发布不同的内容，根据平台自身功能完成操作，这样就能够保证不同平台的功能有机衔接，发挥合力作用，提高传播效率。另外，城市文化传播内容受众可以利用交互界面的设计功能在终端上完成定制化服务。交互界面需要各种媒体的传播技术相互支持才能完成，这是城市文化传播内容融合传播的重要环节。数字化技术可以实现各种媒体平台功能的交互设计，以此提升城市文化传播受众的体验效果，让受众在平台交互界面上轻松地完成各种操作，还可以使他们在不同平台上都获得基本相同的操作体验,这有利于增强城市文化传播内容受众的观看黏性,避免出现因为平台设备不同而导致的操作不适应的现象发生,而且通过数字平台内部整合也可以降低运营维护成本。随着数字化技术的发展,虚拟现实技术已经在城市文化艺术资源传播中实现了较为广泛的应用,尤其在技术环境体验过程中,虚拟现实技术能够帮助生成三维计算机环境,在此环境中释放创造力和想象力,为城市文化传播内容受众提供更好的体验平台,这是未来城市文化艺术资源传播应用的新方向之一。

一方面,数字化技术可以帮助城市文化传播内容创建更加逼真的虚拟环境,使之摆脱传统的物理空间限制,让虚拟人物角色出现在场景中。制作组可以利用专业的3D建模软件和VR内容制作工具等提高虚拟现实技术环境的真实感和交互感,在此环境中一切虚拟元素都可以实现高度仿真,同时让受众能够身临其境体验现场效果。虚拟现实技术可以满足不同类型的节目播放需求,按照预先设计好的模板来生成制作环境,例如在沈阳故宫专题片制作中可以通过特殊的播放器营造出体育赛场的真实感;又如宣传辽宁省博物馆的纪录片中可以通过360度视频制作技术放大场景角度,提高画面细节的表现力。另一方面,在虚拟现实技术环境创建的过程中,城市文化传播内容的版权管理也是未来值得重视的问题,良好的版权管理可以提高城市文化传播内容的知名度和传播度,降低分发传播中的非法复制和侵权概率。

第三节　社会群体视角下的传播升级路径

近年来城市文化艺术的社会影响逐步提高。开展社会传播活动,对提高全民的城市文化艺术素质,坚定文化自信具有重要催化作用。沈阳当地应该从加强城市文化艺术文化价值观培养、纠正消极民族文化态度、创新传播实践模式等方面入手,帮助社会群体树立正确的传统文化认知,使之养成自觉传承和保护优秀民族文化的习惯。公共部门是向社会提供公共服务的重要主体之一，所以理应在社会艺术传播管理中发挥积极作用。虽然公共部门能够发挥的功能有限，但是总体上依然能够在社会艺术传播管理中发挥积极作用，在满足社会艺术传播管理需求的行为中发挥专业优势。当下城市文化艺术社会传播需要相应的社会艺术传播管理资源供给，但是从现实看存在着社会艺术传播管理资源配置不够均衡的问题，这在一定程度上制约了城市文化艺术社会传播管理的效率提升，因此，解决资源投放和传播管理基础设施的配置问题是优化社会艺术传播管理资源配置的当务之急。

城市文化艺术社会传播管理要想取得更大的成就，必须拥有一个良好的资源配置环境，这样才能让城市这样的小众艺术在社会传播管理中发挥作用，因此要将优化社会艺术传播管理资源配置作为社会传播管理工作的重点之一，充分提高社会艺术传播管理资源配置效率，发挥社会艺术传播管理资源的公共服务职能。一方面，沈阳当地部门要重新整合社会艺术传播管理所需的软硬件资源，对各地有资格开展艺术传播管理的机构和部门的实际情况进行一次全面的摸底调研，掌握各地对社会艺术传播管理资源的需求情况，进一步了解社会艺术传播管理环境情况，对社会艺术传播管理资源配置配备更新缓慢的问题予以重视，统筹规划，做到按需分配、按需调置。另一方面，沈阳传播管理部门要与沈阳文化艺术培训中心、沈阳艺术职业传播管理集团等建立密切的联系，加大合作力度，为社会艺术传播管理资源相对薄弱的地区提供支持，重点围绕社会艺术传播管理内容宣传、社会艺术传播管理环境改善、传播管理服务平台推广、艺术人才引进政策等几个方面展开工作，不断优化社会艺术传播管理环境，这样才能提高当地社会艺术传播管理水平，为城市文化艺术的传承发展提供便捷的条件。优化城市文化艺术的社会艺术传播管理资源配置，必须基于城市文化艺术资源服务需求的视角，在履行城市文化艺术资源传播管理职能的过程中要注重普惠性和均衡性。

沈阳在社会艺术传播管理投入中要充分考虑到传播管理对象的利益需求，提高传播管理实效性，目前，虽然沈阳当地针对城市文化艺术资源的社会传播管理普及已经取得了一些成效，但仍然有很大的提升空间。在城市文化艺术的社会传播管理开展中，沈阳应当将传播管理对象需求作为城市文化艺术资源传播管理普及方案制定的基础，继续整合传播管理机构资源，通过发放调查问卷，向传播管理主体咨询城市文化艺术资源传播管理服务资源相关的需求，汲取和汇总各方面意见，提供能够满足绝大多数传播管理主体的服务资源，并且在实施过程中要征询传播管理主体意见，不断优化服务流程，减少流程冗余。沈阳在城市文化艺术社会传播管理开展中，应当鼓励各地根据实际开展情况及当地传播管理对象需求，构建具有特色化的社会艺术传播管理机制，定期展示社会艺术传播管理成果，将城市文化艺术单独陈列，以满足有特定需求的传播管理对象群体。

城市文化艺术资源的培养不是一朝一夕能够完成的，需要社会共同发力。城市文化艺术资源蕴含的精神价值对社会主流价值观塑造意义重大，能够深刻影响人们的世界观、人生观、价值观。尤其在当前倡导文化自信的背景下，城市文化艺术不仅可以丰富人们的精神世界，帮助找到精神文化坐标，还能提升城市文化艺术资源的价值观内涵。宣传普及工作要有所创新，与时俱进，搭建以手机等载体为主的网络宣传平台，牢牢掌握宣传的主动权。例如手机由于传播迅速、热点覆盖面强，因此宣传中应该利用好这种传播效应，通过自媒体、网络平台等形式结合城市文化艺术资源和文化热点，大力宣传城市文化艺术资源，打造人们喜爱的城市文化艺术资源类视频等节目，提高城市文化艺术的知名度和影响力，同时要积极引导人们正确看待城市文化艺术资源文化价值。

相关部门在搭建城市文化艺术资源文化宣传平台时要实施宽松的管理制度，这样有利于营造多样化的平台宣传氛围。网民可以通过注册包括个人微博、微信在内的自媒体平台，按时发送相关信息，针对当下城市文化艺术资源文化热点问题及时开展讨论交流，这样可以引导其他网民发表意见，在讨论中对城市文化艺术资源文化传承问题的态度变得更加理性、客观。互联网时代任何事件扩散速度都大大超出以往，相关部门要做好协调管理，努力提高城市文化艺术资源文化宣传普及效果。

沈阳应当借助文旅品牌外溢力和消费者对特色文创产业的需求加大宣传，不断提高城市产品在文旅市场当中的竞争力。

社会传播管理的一般理论主张责任意识，因此在城市文化艺术的社会传播管理开展中，各主体应当自觉树立社会责任的艺术传播管理意识，充分认识并认真践行传播管理服务理念，针对其中存在的问题，不断完善社会责任履行机制，切实提高社会责任履行质量。

一方面，沈阳民间文艺家协会城市专业委员会等单位应当将社会责任履行纳入委员会职能结构当中，形成常态化的责任履行机制。可以成立城市文化艺术协会这样一个单独的社会机构，使之专门对各成员机构履行社会责任的情况进行指导，具体内容包括解读、执行相关文艺政策，并对社会传播管理活动进行内部监督，将社会责任履行工作纳入年度评比当中。还可以考虑设立一个下属社会责任履行机构，鼓励和引导基层社会艺术传播管理部门开展工作，不断提高社会责任履行质量。沈阳要根据自身实际将社会责任与艺术服务、艺术产品创新进行捆绑，每年度形成社会传播管理社会责任报告。

另一方面，规范艺术传播管理社会责任标准。未来应当在社会责任履行过程中规范标准，改变以数据化罗列和汇总堆砌的形式展现社会艺术传播管理成果，不能继续出现社会责任实际内容同质化的现象。应当将社会责任重心放在与文旅融合的整体利益上面，立足当地实际社会传播管理需求，回答文旅产业发展中所关心的实际问题。不应当以主观态度为出发点去履行社会责任，应当扭转艺术传播管理社会责任意识，将"想让大众知道什么"的意识变为"大众需要知道什么"。社会责任标准要体现出具体应当履行什么责任，包括传播管理对象的实际需求，各机构履行社会责任中存在的不足等，增加标准的可操作性，及时回应传播管理对象的需求，这样才能让传播管理对象有获得感，对外也能提升社会责任履行效果，起到艺术传播管理示范作用。建立常态化的社会责任履行机制、规范社会责任标准可以提高当地艺术传播管理推广效率，加强和提高艺术传播管理普及质量。

随着社会公共传播管理体系不断完善，对社会艺术传播管理从业人员的素质要求也发生了变化。社会艺术传播管理从业人员除了要具备专业的知识技能，还应当具备一定的管理能力、信息化操作能力以及商业素质。针对当前问题，沈阳应当依据艺术传播管理的一般理论，坚持整体性、综合性原则，强化工作人员素质。一方面，在沈阳社会艺术传播管理从业人员引进中，加强对其专业化能力的审核评估，择优录取并使之进入岗位，然后完善常态化的人员培训机制，对其综合素质进行系统化、阶段性培训，帮助社会艺术传播管理从业人员形成终身学习的意识，增强其社会艺术传播管理创新能力，增进其职业责任感和荣誉感。在人才引进中，沈阳还应当重视了解市场的优秀营销人才，特别是熟悉沈阳城市文化艺术资源市场化运作的高级人才，对于有突出成果和贡献的人员给予奖励。定期组织社会艺术传播管理从业人员参加在职艺术培训，逐步打造一支业务熟悉、经验丰富的社会艺术传播管理从业队伍。沈阳还应当积极完善艺术传播管理专业人才认证机制，鼓励社会艺术传播管理人员参加相应的职业资格认证考试，以此满足沈阳文旅融合背景下社会艺术传播管理工作对人才的需求。另一方面，应当完善社会艺术传播管理从业人员考核评估机制。沈阳要建立社会艺术传播管理从业人员的综合考核评价体系，将各传播管理服务板块的工作情况纳入目标责任考核指标体系，从而及时、准确反映社会艺术传播管理质量，为协调解决存在的问题提供依据，还可委托第三方社会机构定期对社会艺术传播管理从业人员进行工作质量评估。

推进艺术传播管理模式创新。艺术传播管理模式创新是为了更好地适应传播管理需求变化、满足艺术传播管理对象需求、提高社会艺术传播管理服务履行质量的重要举措。针对当前沈阳城市文化艺术资源传播管理模式创新的不足，未来应当推进艺术传播管理模式创新，增强创新意识，营造社会艺术传播管理发展的新格局。城市文化艺术应当主动融入社会传播管理中，积极探索"智慧型"传播管理模式，加快自身传播管理模式的转型。随着沈阳城镇化发展进入了新的阶段，社会艺术传播管理的受众更加集中，传统的艺术传播管理模式已经无法适应现阶段的需求。应当把握契机，充分利用"5G""云计算"等新型科技的优势，提前布局，加快数字化传播管理模式创新建设，探索新型智慧化"云传播管理"模式建设，配合规划推出以云计算为中心、多种传播管理平台捆绑、多服务场景融合的全新传播管理模式。城市文化艺术在社会传播管理开展中，可以以云计算为中心建立工作室，进一步拓展传播管理的物理空间，拓宽服务场景，满足对城市文化艺术感兴趣的传播管理对象的多元化需求。

另外，城市文化艺术在创新艺术传播管理模式的过程中，应当推动大数据信息和资源的共享共用，加强与当地高校等相关机构的信息联通，提升信息时代数字服务效能，为社会大众提供更加完善的艺术传播管理。旅游机构作为非政府部门参与到艺术传播管理过程中，利用市场化优势可以有效提升社会艺术传播管理质量，可以促进艺术传播管理供给均衡、艺术传播管理项目执行可持续，在这个过程中尤其要注重对初创型文旅企业的艺术传播管理，努力提升初创型文旅企业从业者的综合素质，精准化提供艺术传播管理帮扶服务，重心要放在有志于弘扬城市文化艺术资源的初创型文旅企业的身上，加大对这类机构的资源支持力度，要对与城市文化艺术有直接关联捆绑的小微企业进行一次全面深入的调研，了解这些小微企业的文化艺术资源需求，按照迫切需求、一般需求、长远需求进行归档整理，分别制定有针对性的服务标准，并且与服务流程进行对接。对于有迫切文化艺术资源需求的小微企业，在基础资料基础上尽量简化服务环节，开通传播管理绿色通道，不断优化传播管理模式。城市文化艺术作为新的文旅增长点，通过良好的社会艺术传播管理，势必可以提高其在大众心目中的影响力和认知度，从而更愿意在旅游中体验城市文化艺术，促进城市文化艺术与旅游的深度融合发展，最终有利于城市文化艺术产业化进步。

文旅深度融合的目标之一是实现文化艺术的商业化、产业化，对于城市文化艺术而言，城市文化艺术现代化离不开人才支持，高素质的人才对城市文化艺术现代化尤为关键，未来沈阳应当加大高素质优秀人才引进，使之参与到城市文化艺术现代化发展中，为文旅融合助力。沈阳各地要结合各自文旅产业发展需求，制定人才引进需求方案，通过政策扶持吸引熟悉本地文旅产业情况的人才加入，使他们发挥自身专业优势为当地文旅产业助力，为城市文化艺术的现代化发展助力。

一、完善社会艺术传播管理体制

艺术传播管理的一般理论强调协同合作的核心价值，社会艺术传播管理体制的完善应当从整体性治理这一核心价值切入，加强社会艺术传播管理。一方面，加快管理层级的整合力度，明晰社会艺术传播管理主体的职能范围和权限地位，以艺术传播管理的一般理论作为实践指导，提升社会艺术传播管理协调整合功能，加快推进文旅市场各主体整合，让沈阳的社会艺术传播管理体制服务效率得到优化。完善沈阳文旅管理机构的权责体系，让沈阳的各文旅管理机构的管理权限和责任对等，理顺纵向和多向权力责任关系，并且赋予沈阳文旅机构更多的管理权限，这样才能在社会艺术传播管理中增强效力，增强各管理部门间的合作治理动力。未来沈阳应当增强文旅部门间合作治理动力，以此调整管理合作的态度，这符合艺术传播管理的一般理论价值诉求。艺术传播管理的一般理论强调管理机制可分为整合、协调两部分，其中整合是核心，协调只是手段，协调的目的是促进整合。部门间合作是否有效须看整合质量的好坏，因此要通过协调机制等手段促进各部门间整合，使之形成紧密的协同关系，这样才能提高管理效率。另一方面，沈阳应当结合社会艺术传播管理规划，对各公共服务部门的职能利益进行充分调研，然后立足于社会艺术传播管理实际发展，整合传播管理、文旅等部门，将管理资源集中化，发挥整体性治理模式优势，重点解决当前管理体制机制矛盾，理顺管理体制机制，让各部门统一在整体利益之下开展管理工作，提高管理动力。

应当由文旅部门牵头，对各部门的核心利益进行协调，加大对社会艺术传播管理的重视力度，通过协调机制的运行来增强各部门协同合作意识和态度，这样才能将整体目标和部门目标进行有机统一，最终促进城市在内的城市文化艺术资源更好地推广普及。社会艺术传播管理中，应当深入挖掘城市文化艺术的文化内涵，助力城市文化艺术资源价值影响力延伸。艺术价值影响力是指受众在参与艺术体验过程中对艺术的接受程度，它代表了受众的消费倾向和态度。受众将其看作自己消费价值行为当中的重要组成部分。通过有效的管理手段，引导受众正确、全面地认识城市文化艺术资源，有助于城市文化艺术资源的宣传普及，从而使城市文化艺术资源蕴含的优秀价值和内涵在文旅产业活动中被重新定义。

增强文旅活动吸引力能够提升游客对城市文化艺术资源的体验感。沈阳每年都会举办城市文化艺术资源的作品展览会，包括漆画等城市文化艺术资源都会出现在观众视线中。这类活动应该与文旅挂钩，发挥沈阳城市作品宣传平台的功能，借助这个平台，游客能够在旅游中涉入城市文化，更加近距离地接触城市，并产生一种满足感和愉悦感。根据文化艺术休闲理论，休闲涉入可以很好地解释个人参与休闲活动的感知、情感倾向，是影响文化艺术体验的重要因素，城市与旅游的融合就是如此。休闲涉入的首要变量就是产品吸引力，如果沈阳漆画展中呈现出的城市作品本身能够对游客产生吸引力，那么游客自然会产生一种情感倾向，当他们参与到这一活动中，就会产生一种愉悦心情，从而与沈阳城市作品建立良好的情感基础，满足自身丰富的艺术休闲体验需求。沈阳漆画展应当与旅游深度融合，这样才能在游客心中留下深刻的印象，让游客在舒服的艺术涉入中产生新鲜的感受，尤其会增强对年轻群体的吸引力。同时，沈阳漆画展举办方应该借助旅游契机，加大城市文化艺术资源涉入力度，增加现代城市创作创新作品比重，植入城市作品的现代元素，增强文旅活动吸引力，让游客不知不觉地体验到城市文化艺术资源的魅力，发现城市文化艺术资源原来也可以这样好玩，在休闲体验中接受、认可城市文化艺术资源，获得一种艺术审美和文化休闲的愉悦感。

二、增强文旅活动吸引力

强化城市在文化艺术传播活动中的象征作用，完成城市文化艺术资源品位升华。大众在体验活动时能否感知到艺术品位,这与艺术符号的象征功能有关。强化城市在文旅活动中的象征作用,可以增强游客参与感,让游客可以更好地认识城市文化艺术资源、感知城市文化艺术资源,它反映了游客参与该休闲活动所感知的元素价值,有品位的元素能够让游客产生共鸣,通过城市符号这一桥梁实现旅游活动与城市文化艺术资源的接洽,实现艺术情感共鸣。沈阳博物馆展会已经举办了多次,举办方未来应该致力于设计易记忆、易理解的城市元素,并且将这种元素与游客的情感相连接,这样才能让游客完成自我与休闲活动的接洽,让游客轻松地辨识出元素背后的事物。一提起沈阳这座城市,观众心中就充满喜悦,愿意再次参与这样的旅游活动来放松心情,享受旅游带来的体验乐趣。总之,要让沈阳城市文化活动变成游客心中艺术品位升华的代名词。深入挖掘城市文化艺术文化内涵,提升艺术价值影响力。

艺术价值是指大众所参与的艺术体验活动在其消费行为中的重要程度,它代表大众的消费价值系统的核心部分。大众将其看作消费价值系统中的重要组成部分,愿意与其他人热烈交流、分享、讨论,并且因此产生一种兴奋、幸福的感受。作为当地著名的城市旅游文化品牌,沈阳所表达的艺术价值体现在文旅融合的内涵中,建设优秀的艺术价值内涵是挖掘城市文化艺术内涵的核心。沈阳城市文化活动主办方应该不断挖掘该文化品牌的文化内涵,在继承多元艺术性的基础上迈向多元化。不同的民族拥有不同的文化内涵,沈阳应该组织多民族城市文化艺术资源文旅专场活动,以此展示民族艺术风貌,将原生态民族城市作品与现代创新创作形式相结合,打造富有民族艺术魅力的城市文化品牌。沈阳在城市文化艺术传承发展中,要注重加强城市作品文化交流,以形成独特的城市文化品牌效应,让游客在旅游休闲体验中增强文化自信,开阔城市文化艺术资源视野,丰富自身的艺术感受,这样才能不断促进当地城市文化艺术内涵的挖掘,提升其艺术价值影响力。

对于城市文化艺术而言,游客在旅游中体验的质量和氛围会直接影响参与者的休闲体验效果，也是游客选择是否再观看的重要影响因素。表演性作为沈阳城市文化活动的休闲特征，包括了展示设计、制作介绍等相关要素，对游客的休闲体验具有重要的影响。沈阳城市文化活动应该在展示设计中对音响、灯光、道具等硬件设备进行优化升级，提高设备的现代化水准，采用数字化制作技术、实景与虚拟景舞台切换等技术，加强展示效果。在进行体验环节的内容设计时，要提升团队策划水平，例如聘请专业美术团队，引进专业化、高水平的市场策划团队，优化执行团队的组成，使沈阳城市文化活动的文旅策划方案能够得到高水平、专业化的完善与改进。项目的体验服务水平也要不断提高，例如加强活动预判，制定出详细的应急管理预案，完善户外管理机制、服务机制、安全保障机制等。这样才能保障体验环节顺利展开，提升游客的满意度，让游客全身心地投入到休闲体验中。

三、加强专业化培训

沈阳城市文化活动应该与高校等机构合作，加强对工作人员的专业化培训，这样不仅能提升从业者的专业技能，还能提升从业者的综合文化素养、创作能力、表演技能等，使之更好地为游客服务，同时要提供相应的资金，对本地优秀人才给予资金扶持，对外聘人才给予政策扶持；高校等学术科研机构要发挥自身优势，为城市作品节提供必要的理论资源和学术调查帮助。游客参与互动可以增强体验的"在场感"。互动就是彼此联系、相互作用的过程。游客在沈阳相关活动的互动体验中，一般有两种互动：游客之间的互动，游客与周围环境的互动。前者互动更加随意、直接，互动形式多样，渠道丰富；后者互动属于单向互动，互动形式较为单一，渠道也较为狭窄。良好的互动可以提高双方的沟通效率，提高游客的文旅消费体验质量，提升游客的艺术休闲需求层次。例如专题展览中，观众与文物的互动就是很好的例子，现场参与的观众都感受到了城市文化艺术资源的魅力。未来沈阳可以借助城市文化活动等文旅活动加强游客互动，例如在举办城市文化活动之前设计一些预热活动，提前让游客积极参与，从而加强互动，可以仿照一些娱乐节目机制，举办游客海选活动，可以在城市文化活动举办前的半年时间里开启海选，在全省范围内进行游客征集，组织游客参加知识比赛，确定最终现场参与人员。同时旅游企业也可以参与到海选活动中，为海选活动提供经费赞助，同时沈阳要增加对赞助商的回馈权益，让赞助商积极地投入预热活动当中。沈阳城市文化活动本身具有较高的文旅品牌含金量，势必可以吸引很多企业参与进来，提升沈阳城市文化活动的文旅品牌美誉度。例如可以强化多媒体平台的互动性控制机制，实现快速高效的人机交互，通过设计良好的平台操作界面，让游客参与路径更加清晰。另外，可以利用大数据技术优势，提升线上与线下互动的个性化设置，加强游客与艺术作品创作的互动模块设计，提高游客的"在场感"，享受其中的乐趣。

四、打造沉浸式心流体验

心流体验是一种让人全身心沉浸于某种事物中，并且完全无视其他事物存在的一种心理状态。当游客沉浸在沈阳城市文化活动过程中，将全部精力完全投入节目和节目所处的境遇中，搁置其他事物，内心会处于愉悦、专注的一种心理状态，而这种心理感受会直接影响到游客是否愿意再次参与这类型的文旅体验活动。调查表明，观看意向与心理体验呈正相关，因此要想提高游客对沈阳城市文化艺术资源的体验意向，就应该提升游客心流体验，升华游客艺术休闲体验的品位，增强游客的艺术观看意向深度。

韩国水原市是一座历史悠久的文化名城，多次举办过传统器乐作品节，主打以"孝道"为主题的传统器乐文化活动。精心的策划和设计，可以让游客在参与器乐表演时沉浸在传统文化的氛围当中，既不会让游客感到"气氛沉重"，又能反映文化积淀，增强文化深度，提升游客的文化品位，为游客带来高级的休闲体验。沈阳可以借鉴韩国水原市的做法，适当增添有底蕴的城市文化艺术资源主题内容，要将提高游客的休闲体验品位作为一种社会责任。游客在欣赏过程中和欣赏完毕之后对城市文化艺术文化有回味、有反思，这样才能提升其休闲体验品位。

旅游体验作为一种健康有益的休闲体验方式，对游客的身心愉悦、精神满足至关重要。旅游体验大致可以归为生理层次的感官娱乐、精神层次的艺术休闲两大类。游客对旅游体验的需求也呈现差异化特征，有的参与沈阳城市文化活动是为了追求纯感官娱乐，有的则是为了享受艺术精神层次的满足。根据调查分析，不同的年龄、性别、学历等指标对旅游体验的追求也有所不同。所以，沈阳城市主题活动应该尊重这种差异化旅游需求，不断挖掘旅游体验的多种维度，以满足各类群体。例如针对中年游客群体，可以为其提供具有自然美元素的旅游节目，突出有厚度、有深度的城市文化元素，体现城市文化艺术文化特色，让他们在这里找到放松的感觉，满足他们远离职场喧嚣，寻求灵魂休憩之所的需求。

针对青年游客群体，可以在沈阳城市文化活动举办中举行"搭讪"广场活动，让青年男女在这里相识相知，让他们体验到与其他地方不同的城市文化魅力，扩大沈阳城市文化的情感外延，满足青年群体对艺术的休闲需求。城市文化艺术作为优秀的艺术品牌，对当地的文化旅游产业发展具有积极的作用。文旅深度融合背景下，城市文化艺术文化品牌建设中应该探寻新的盈利点，逐步实现盈利方式的多元化，努力提高产品形象。在坚持自身艺术品文化的基础上，加大相关衍生品的发展力度，例如开发城市文化节周边产品，设计城市文化节纪念T恤、制作现场小视频等，同时对产品的后期设计和推广也要重视。

第八章 沈阳城市文化艺术资源传播管理的发展方向

本章的主要内容为沈阳城市文化艺术资源传播管理的发展方向，从以下两个方面展开论述，分别为创新管理、城市文化艺术传播与社会价值相统一。

第一节 创新管理

随着沈阳城市文化艺术资源不断融合发展，城市文化艺术迎来了新的发展机遇，焕发出新的生机。沈阳始终坚持在保留城市文化艺术的基础上，积极尝试与新鲜的主题元素结合，积极探索新的传播理念和制作工艺，摆脱了保守的传播思路，大胆革新传播发展方式，并取得了一定成果。纵观城市文化艺术的发展史，创新始终在城市文化艺术发展中占据主要位置。

沈阳文旅深度融合为城市文化艺术传播发展提供了新的生存土壤，创造了新的机遇，借助文旅深度融合良机，城市文化艺术势必会迎来新的发展道路。从传播角度看，沈阳历来重视城市文化艺术在内的城市文化艺术资源与时俱进，无论从学校还是社会等各个层面，通过继承、创作方面的推动，让城市文化艺术不断取得新的突破和创新。

城市文化艺术的传播发展是开放的，对所有有志于传播民族城市文化艺术资源的人开放。另外，沈阳应当提供一些保障来引导社会艺术发展，将城市文化艺术与现代社会需求结合，充分发挥城市文化艺术的文化载体、文明符号作用，让城市文化艺术在现代社会中占据一席之地，做到古为今用。纵观城市文化艺术的发展史，不难看出城市文化艺术具有鲜活的生活元素，无论是创作主题还是传播内容都与生活密切相关，而且在漫长的传播发展中也始终没有脱离生活世界的观照，体现出强烈的生活在场感。如果从生活世界视域观察城市文化艺术传播发展就可以得出结论：城市文化艺术是在生活土壤中生根发芽茁壮成长的，通过研究城市文化艺术发展史能够充分了解城市文化艺术在人们日常生活中的现状，这对我们今日传播城市文化艺术具有重要启示。如果从文旅视角观察可以发现，越来越多的游客愿意在旅游中体验到不一样的文化元素，而城市文化艺术所带来的旅游体验是单纯的景点游览无法提供的，甚至有很多年轻的游客将此类旅游体验称之为"艺术之旅"，沉浸于城市文化艺术资源带来的鲜活的体验之中，这样的旅游去除了功利化目的，取而代之的是充满生活场景意味且带有历史温度的艺术享受。这说明城市文化艺术与旅游产业的融合提升了商业旅游的内涵，重新诠释了商业旅游的境界。

人类进入20世纪后，实证科学精神成了世界主流精神价值，人类在追求数理化、抽象化、符号化的过程中忽视了生活的本真意义，遗忘了人在科学中的作用，颠倒了精神与物质的关系。在实证主义科学观指导下，人们用数字化、理念化的世界代替了真实的、直观的生活世界，甚至把世界看作真实的、绝对的、普遍有效的世界，把生活世界看作虚假的、相对的和不确定的世界。

"生活世界"的概念源自胡塞尔，胡塞尔对"生活世界"的阐释中包含着对"物质世界"的批判。胡塞尔认为，"生活世界"是我们唯一真实的世界，"科学世界"不过是"物质世界"的一件"外衣"，它不能代替"生活世界"。如果非要用这件"外衣"披在"生活世界"上面，就会掩盖原初的真实场域，人类的本真性也因此迷失，难以返回原初的"生活世界"。城市文化艺术的本身价值来源于"生活世界"，它的创作是对生产、生活的自然感悟和体验的反映，它源自日常生活又服务于日常生活，是近代功利化商业文明遮蔽日常生活之前的原初体现。

像漆画的依景而作，漆器的依形而制，都是可以直观看到的。从人们的日常经验中提炼出来的生活实践，在这里主客观没有被人为分离，也没

第八章 沈阳城市文化艺术资源传播管理的发展方向

有逻辑理念约束，更没有任何科学反思和判断。这就是胡塞尔所言的原初世界，也是唯一的真实世界。物质世界的功利化对手工业制作等行业影响巨大。工匠从原生态传播方式向商业传播方式转变中，往往容易过度依赖"科学技术工具"，而忽略了原初的意义体验。这时候城市文化艺术与真实生活场景剥离开来，从日常的一种具有生活意味的形态转变为可供研究、欣赏的艺术对象，这样一来，就失去了原初的功能，城市文化艺术失去了原初生活环境赋予的身份，参与者也失去了参与的原初的艺术视角。城市文化艺术是生活的产物，与生活密切相关，作为一种生活化的符号，作为"生活世界"的在场性艺术，城市文化艺术的现代化发展中包含着对生活的重新思考。当人类迈向20世纪后，实证科学精神逐渐成为主流精神价值，物质化的过度追求让生活的整体性被碎片化，于是生活的真实意义逐步丧失。沈阳城市文化艺术资源中的民俗艺术所处的那种原初的"生活世界"逐渐被解构、被碎片化，何时能够重构，何时能够重新恢复那种建立在真实场景中的"生活世界"值得我们思考。然而，现实问题是，自然条件、生产方式、民族习俗、文化符号功能等都发生了重大变化，当传统功能在现代商业社会里失去应有的价值后，那么，附着在这些功能上的民俗符号自然也会"变异"。

随着当地政府对旅游业的重视，许多城市文化行业从业者参与到旅游产业发展的浪潮中，平时在日常生活中再熟悉不过的传统手艺被推向商业浪潮中，虽然城市文化艺术在一定程度上得到了新的"生命力"，但是从"生活世界"角度看，最初的"艺术生活"在"物质生活"面前显得如此脆弱，这不禁令人吃惊。过度依赖商业舞台，过度追求艺术的观赏性的结果就是泛舞台化的形成，面对这种局面，似乎许多城市文化艺术从业者只能对其妥协，这是城市文化艺术目前的无奈之处。无论是哪种城市形态，一旦丧失了真实生活的场景，就会从带有生活价值的状态转变为市场化、商业化的生存状态，这样的话原初的艺术功能就解构了，城市文化艺术失去了真实生活环境所赋予的特定身份。另外，还出现了一些极端现象，一些地方热衷于炒作、过度宣传民族传统文化艺术遗产，表面上看是为了传播，其实是在追求经济价值,这种现象实质上对城市文化艺术是一种伤害。

毫无疑问,城市文化艺术源于"生活世界",随着"生活世界"被遗忘,势必会使一些人丧失本真性。再加上城镇化的发展、现代生活方式的影响、科学技术的强工具性,进一步使人的本真性丧失,在一定程度上加剧了城市文化艺术生存危机,或者说,这里还存在着艺术事项的场域,却没有了操作艺术事项的主体——人。胡塞尔在谈论"生活世界"时,无意否认"物质世界",正如笔者也无意否认城镇化、流行音乐,只不过当我们谈论城市文化艺术传播发展时,必须把握住其本质——回归"生活世界",恢复其不可替代性。城市文化艺术不仅是基于"生活世界"的生存、生活体验,还是一种以城市文化艺术资源为载体的交往体验。城市文化艺术回归"生活世界",本质上属于人的实践活动,是人在原初时情感交流的重要活动。人们只有回归生活世界,才能获得人生的意义和价值,才能克服意义世界的危机。在生活世界视域下,城市文化艺术不同程度地超越了功利世俗,使人回到本真的淳朴状态,达到忘我的精神境界,心情徜徉在自由、幸福的本真状态之中。城市里所有的社会身份、地位、年龄等都失去意义,人们忘掉了工作的辛劳,忘掉了城市的压力,这才是真正的自由生活世界。

然而,此处言说的回归"生活世界"并不是回归到时间意义上的原初世界,也不是通俗意义上的日常世界。这里言说的回归"生活世界",并不是否定或者取消"物质世界",而是要强调"生活世界"的不可替代性,重新恢复"生活世界"应有的地位。回归并不等于退回原地,而是像荷马史诗描述的奥德赛精神一样,"回归"是为了更好地"出征"。所以,回归是不可替代的、唯一的、超越自我精神的行动。回归是通向真实生活世界的钥匙,在那里人们可以寻找到城市文化艺术存在的意义。把握住"生活世界"对城市文化艺术生存及传播保护的本质意义,就为未来传播发展明确了逻辑支点。随着新一轮城镇化布局的展开,城市文化艺术传播发展未来会面临新的形势,城市文化艺术资源现状也会处于新的"物质世界"的压力中,所以此时强调回归"生活世界",可以为城市文化艺术重构提供合理的语境,尤其在当前文旅融合发展背景下，更要坚持"生活世界"观照，平衡文化和商业的关系，不能让城市文化艺术资源成为商业的"陪衬"，这样才能更好地拓展城市文化艺术的生存价值和发展空间。

文化艺术产业发展必须遵循一些基本原则，在基本原则的指导下才能更好地把握优化方向，制定优化目标，实施优化规划。

第一，科学规划原则。文旅深度融合发展是为了让产业结构更加合理，这就需要进行科学规划来实现结构要素的协调，在充分了解城市文化艺术产业现状及经济发展需求的基础上加强规划，利用政策、资金等手段提升产业结构资源整合效率，筹划生产要素分工协作体系，必须将产业结构合理化作为实现文旅深度融合发展的核心目标。

第二，低碳环保原则。文化艺术产业发展过程中必须遵循低碳环保原则，通过调整城市文化艺术产业结构，使城市文化艺术的县域产业向更加高效、绿色、低碳的产业领域转移。

第三，因地制宜原则。文化艺术产业发展要结合因地制宜原则，这是其合理化的基本条件，如果脱离了实际情况，就会导致产业结构内部出现要素失衡的情况，不利于产业链构建。应该充分遵循当地的经济发展条件，因地制宜，最大化地调整城市文化艺术产业结构，使其内部结构更加合理，这样有利于实现产业结构的进一步发展。

第四，公益与利益兼顾原则。文旅深度融合发展不能只顾经济利益，还要考虑到公益性。产业是社会经济发展的重要组成部分，它具有很强的经济属性，但同时它也具备社会公共属性。

近年来，沈阳围绕城市文化艺术形象建设契机，在传播技术创新及应用中发挥了较好的互联网引导和支持作用，它帮助相关机构研发技术，鼓励文旅经营主体积极应用新型技术，从传播现状来看有一定的成效。沈阳相关管理部门制定了具体的城市文化艺术资源开发方案，鼓励从业者应用新技术，沈阳相关管理部门对从业者传播技术的应用情况进行评估并出具材料。这些高质量的传播管理活动有效地推动了新型传播技术的推广与应用。城市文化艺术产业发展的目标应该体现在以下几个方面：

第一，淘汰落后产能，扭转落后的文旅生产方式。经济发展的关键动力是先进的生产力和生产方式，针对当前存在的问题，城市文化艺术应该将首要优化目标确立为淘汰落后产业，发展先进产业。

第二，转变文旅服务产业发展思维，重视技术创新引领。技术创新是保障文旅深度融合发展的重要推动力，应该将加大技术投入、加强知识产权保护作为优化的目标。

第三，加强产业间协调性和黏合度，加大产业间整合力度。当前城市文化艺术产业发展中，应该实现产业快速整合，发挥协同效应，让整体产业结构更加合理。

第四，积极开展技术创新示范培训，加大专家培训指导，通过线上线下的方式开展常规培训和专题培训。通过定期对景区的技术操作人员进行培训，提高技术操作人员的知识和素质。通过举办互联网传播大赛等形式进行竞赛式培训，对获奖者进行物质奖励。这种形式兼具趣味性、知识性，培训效果明显。沈阳要想提高城市文化艺术形象，就必须重视传播竞争力和影响力，不断创新传播技术，利用技术赋能提高附加值。因此，通过上述行为加大技术研发和推广应用，在客观上提高了沈阳城市文化艺术品牌的技术含量。

按照新城市文化服务理论，高质量的传播管理活动的主体不局限于主管部门，还应当包括社会组织等第三方机构。高质量的传播管理活动本质上是一种城市文化服务，城市文化艺术形象建设发展的最终成果也会普惠到社会中，因此要充分重视社会组织的作用。目前，沈阳在进行城市文化艺术形象建设中，应当通过合理引导等方式积极引导社会组织参与城市文化艺术形象建设发展。按照城市规划具体要求，为当地的社会组织提供积极的鼓励，让文旅大型企业与市场从业者进行更深入的合作，促进市场从业者增收，带动市场从业者的生产动力，提升沈阳城市文化艺术形象在国内的影响力。沈阳还可以引导绿色产业协会等发挥社会功能，为城市文化艺术形象建设发展助力。沈阳应当成立绿色城市文化发展中心，为城市文化艺术形象建设贡献力量。沈阳也可以成立志愿者协会等，为沈阳市文化艺术形象的公益形象进行推广建设，提高沈阳城市文化艺术形象在社会中的影响力，使之形成社会合力，为城市文化艺术品牌发展发挥各自优势。

在城市文化艺术形象建设发展中，沈阳应当按照国家文旅质量标准体系，建立文旅品牌质量体系。一是严格按照国家要求开展高质量传播管理工作。沈阳相关职能机构成立联合监管工作小组，对沈阳城市文化艺术形象的传播管理进行监督，监督方式可以分为现场监督和非现场监督两种。对于不符合质量标准的企业，采取罚款至取消授权的不同程度措施。二是初步构建全过程质量服务模式。目前，沈阳文旅产业已经实现了从质量标准检测到商标注册认证、质量安全可追溯的全过程模式建立。未来沈阳应当成立区域文旅品牌质量标准检测管理中心，从而为市场提供权威的质量检测服务。总体来说，这些高质量的传播管理活动，能够为沈阳城市文化艺术形象发展提供极大的支持。

第二节　城市文化艺术传播与社会价值相统一

城市文化艺术传播与社会价值协调统一，可以进一步丰富城市文化艺术的人文背景体验，使他们进一步了解城市文化艺术所具有的历史情怀、文化背景，这样才能更好地完成传播。当前的城市文化艺术有许多不同的传播媒介，随着城市文化艺术的开放，不同的城市文化艺术所要表达的情感也具有差异化特征。因此，从人文情怀入手研究，对于情感的合理表达至关重要，这种有效统一无疑对于城市文化艺术背后的人文情怀展示十分重要。另外，传播还可以进一步促进城市文化艺术的社会价值的挖掘。社会价值是城市文化艺术的核心精神属性，好的城市文化艺术往往具有极高的社会价值，而仅有商业价值是无法上升到社会价值的高度的，只有让城市文化艺术传播变得充满情感，才能实现艺术美的感知、交流、反馈。只有认清文化传播与社会价值关系，只有让城市文化艺术富有情感，才能引起观众情感方面的共鸣；只有把社会价值和城市文化艺术传播进行高度统一，才能对艺术美进行展现。所以说，城市文化艺术传播与社会价值协调统一对于凸显社会价值的作用不言而喻。

以沈阳博物馆为例，随着信息技术的不断发展，博物馆将更加倾向于数字化展示和体验。通过虚拟现实、增强现实等技术手段，博物馆能够提供给人更加沉浸式、互动性强的文化体验，满足不同群体的文化需求。在未来，博物馆开展的城市文化艺术活动会更加多样化，涵盖传统文化、现代艺术、科技创新等各个领域。同时，它也会注重与时俱进，关注当代社会热点和文化趋势，推出具有时代特色的文化活动。博物馆将更加注重与其他行业的深度融合与合作，如与旅游、教育、科技等领域进行跨界合作，共同打造具有特色和吸引力的文化活动，实现资源共享、互利共赢。

未来的博物馆将更加注重提供体验式、参与式的文化活动，让参与者能够身临其境地感受文化魅力，实现文化的互动与共享。博物馆将积极探索新的营销方式，借助互联网和新媒体平台进行文化产品推广和品牌建设，提升博物馆的知名度和美誉度，吸引更多的参与者和观众。博物馆在开展城市文化艺术活动时将更加注重可持续发展和社会责任，关注环境保护、文化遗产保护等议题，引导社会公众关注社会问题，共同推动社会进步与发展。文旅融合下，博物馆开展城市文化艺术活动的发展趋势将更加多元化、数字化、体验化，并且通过与其他行业的深度融合，注重创新和可持续发展，为人们提供更加丰富、深入的文化体验和服务。

在政策扶持下，博物馆作为公益性文化事业机构，在开展城市文化艺术活动方面应当着眼于多方面策略，以满足人民群众日益增长的精神文化需求，促进文化与旅游产业深度融合发展。博物馆应该充分挖掘和利用本地的地域文化优势，打造特色文旅活动品牌。通过深度挖掘本地的历史文化资源、人文景观资源等，结合当地的地域特色，打造具有独特魅力的文旅活动品牌，如特色民俗节庆、传统手工艺展示等，吸引游客参与，提升博物馆的知名度和影响力。博物馆还应充分利用所在地的丰富旅游资源，提供多元优质的文化服务。通过与当地旅游景点合作，开展各种形式的文化活动，如邀请景点工作人员参与讲解、组织文艺演出、举办主题展览等，为游客提供更加丰富的文化体验，增加游客的满意度和忠诚度。

政府应当加强基础设施建设，为博物馆提供更好的发展环境和服务保障，如加大对博物馆场馆设施建设的投入、提升服务水平、完善管理体制，以政府主导的方式推动博物馆的发展，为观众提供更加便捷、高效的文化服务。博物馆应积极推动文化产业的发展，丰富受众的文化生活。通过结合当地的文化资源，开发具有特色的文化产品和服务，如举办文艺演出、艺术展览、文化讲座等形式，丰富观众的文化生活，提升文化消费水平，促进文化产业的繁荣发展。博物馆可以充分利用互联网平台，加强文化宣传和传播。通过建立官方网站、社交媒体账号、在线文化课程等方式，拓展文化服务的传播渠道，增强公众对博物馆的关注度和参与度，推动文化与旅游深度融合发展。

博物馆在文旅深度融合发展的时代背景下，应当以地域文化优势为基础，以政府主导为支撑，以多元服务为手段，通过加强基础设施建设、推动文化产业发展、加强文化宣传等多方面策略，促进自身发展，满足人民群众的精神文化需求，推动文化与旅游的深度融合发展。博物馆作为传承和传播文化的重要阵地，承载着丰富多彩的城市文化艺术活动，为人民群众提供了深厚的精神享受和文化滋养。

博物馆深刻认识到文旅深度融合对其开展城市文化艺术活动的重要意义和深远影响。在这一过程中，沈阳当地不仅发现了机遇和挑战，更从实例分析中汲取丰富的经验和启示。博物馆在推动文旅深度融合、服务城市文化艺术活动方面的探索与实践，为其提供宝贵的借鉴和参考，同时呼吁社会注重创新发展、加强合作共建，在实现文化与旅游深度融合的道路上迈出坚实的步伐。随着时代的进步和社会的发展，文旅事业将期待着博物馆在未来能够继续发扬光大，成为推动文化繁荣、促进旅游发展的重要力量，为社会全面进步和文明建设贡献力量。

传统的城市文化艺术资源传播管理研究以维护既有的文化成果为目标，强调内向型的管理理念。新的城市文化艺术资源传播管理研究属于外向型管理理念，以继承和传播优秀城市文化艺术资源，满足社会大众对城市文化艺术资源的需要为工作核心点，重视服务，一切为了群众，成为新的城市文化艺术资源传播管理研究的关键点。另外，创新城市文化艺术资源传播管理下的功能目的不是将传统文化锁在柜子里和故纸堆里，而是要在继承城市文化艺术资源的基础上，对其进行现代化的阐述，发掘内在的价值和意义，为现代文化转型服务，最终要促进形成传统文化城市文化艺术资源传播管理的现代体系。

城市文化艺术资源传播管理的服务既能解决现实的民族文化流失问题，又能形成多主体参与的城市文化艺术资源传播管理的局面。研究的方向是形成城市文化艺术资源传播管理机制。随着新媒体的发展，互联网环境的不断完善，城市文化艺术资源传播管理的沟通、发布、交流更加便捷和快速，城市文化艺术资源传播管理的途径和方式也有了更多的选择性和空间，因此，创新城市文化艺术资源传播管理已经成为一种新常态，其机制形式发生了重大变化。打造良好的城市文化艺术资源传播管理机制已经成为热议的话题。在创新机制支持下，社会大众可以发表个人意见，表达个人诉求也变得更加容易，对相关的民间音乐的信息转载、分享的效率更高，这无疑为城市文化艺术资源传播管理研究政策的制定、执行带来了新的转变机遇，可谓影响深远。城市文化艺术资源传播管理机制创新下，大众对城市文化艺术资源传播管理也变得更加敏感和积极化，他们了解社会文化利益的问题、社会话题的渠道更加多样化，了解的方式更加灵活，这些都为城市文化艺术资源传播管理机制的创新创造了新的条件。

城市文化艺术资源传播管理机制建设要围绕现实需求开展。建议开通专线专栏文化公共服务，将涉及的文化信息进行专项专人管理。对大众所关心的城市文化艺术资源保护的政策内容给予及时公开，对制定、执行、评估的进度给予及时通报。随着时代的发展，早期的城市文化艺术资源传播管理机制已经远远无法满足传统文化需求的增长。因此，现代视角下，城市文化艺术资源传播管理研究理论开始强调多元化、多主体、多服务渠道模式，这是一种必然的选择，也是城市文化艺术资源传播管理研究发展的必然趋势。这种传播机制对我国城市文化艺术资源的发展具有一定的借

第八章 沈阳城市文化艺术资源传播管理的发展方向

鉴意义，首先，城市文化艺术资源传播管理研究将第三方纳入进来，有效地化解了政府的行政困境；其次，充分调动了社会各方资源，避免了过去出现的问题；最后，这种传播机制可以促进我国少数民族城市文化艺术资源传播管理研究体系的完善，使之在体系上更加灵活、平衡、多元化，这正是我国当前城市文化艺术资源传播管理研究所面临的真正的困境。

文化理念是城市文化艺术资源传播管理的前提，是所有城市文化艺术资源传播管理内容的准则，同时是中国文化价值观的体现。首先，中国在对外输出文化的过程中，始终按照双边关系的发展状况进行有步骤地输出。文化的理念精神就是民族文化精神的再现，源于文化价值的取向，共同的价值取向让民族文化具有更好的感召力、亲和力以及凝聚力等。文化精神要具备以下几个条件：号召力、鼓舞力、时代感以及使命感。在社会精神的激励下，人们能够自发产生传播民族文化的意愿，增强对中国文化的热情和主动性，提高城市文化艺术资源传播的认同感。文化理念和精神是一种无形的资源，需要社会各界将其融合到实际工作中来，让人们在生活中能够切实感受到，在潜移默化中去理解和接受文化理念和精神的精髓。

随着社会的不断发展，大众的价值观受到方方面面的影响，其思想和行为也不断地被束缚和冲击，而且这样的影响会随着社会经济的发展越来越大。为了适应时代的发展，国家必须进行一系列的革新，在这个过程中，文化活动目标冲突不可避免地会出现，从而导致社会价值观内部目标混乱，阻碍社会的发展与改革。城市文化艺术资源传播管理能够培养中华民族内部的团结力和凝聚力，尤其是能够使年轻人的精神观念、素质、能力等都得到强化，让城市文化艺术健康正常地生存与发展，这符合城市文化艺术传播与社会价值协调统一的要求。

加强城市生态文明资源在城市文化艺术资源中的使用。科学的管理模式强调激发管理对象的生态智慧，加强生态认知，唤醒管理对象的生态本质；科学的管理模式强调培养管理对象的生态实践能力，重视激发管理对象的生态思维的创造性和想象力，强调在艺术实践中培养管理对象的参与意识。而生态文明资源作为重要的城市文化艺术资源，假若被善加使用，会对开发和培养管理对象的生态价值观、生态认知和生态智慧产生重要影响。以科学的管理模式为指导，让管理对象在不同种类的艺术专业中感受和体验生态文明资源，对管理对象建构自己的生态认知，提升生态环保素质，培养生态文明观意义重大。因此，未来应当加强生态文明资源的整合力度，同时要提高管理对象在艺术专业课程学习中有效使用生态文明资源的能力，这样才能提升城市文化艺术资源质量，为管理对象的全面发展、和谐发展提供良好机遇。

具体来看，在城市文化艺术资源实践中，可以与相关机构积极沟通，探讨开展生态式城市文化艺术资源主题活动，增强管理对象对当地文化的认知和喜爱，充分利用本土化、民族化的艺术元素，挖掘其中蕴含的生态价值，这样势必会对城市文化艺术资源产生积极影响，也能为管理对象的全面发展提供有力支持。从课程内容角度看，可以挖掘和开发符合科学的管理模式的课程资源，例如地方文化资源、音乐舞蹈等遗产等，将这些不同类型的艺术资源进行整合，使之发挥强劲的资源效应，同时优化管理资源的呈现和利用方式，提高生态文明资源与城市文化艺术资源目标的匹配程度。

资源的开发利用不应局限于学校范畴，而是要拓展到全社会，从遗址遗迹、著名事件及人物等本土化资源中寻求优质资源为城市文化艺术资源所用，积极扭转城市文化艺术资源理念。

随着生态文明建设的不断推进，科学的管理模式逐渐深入人心，管理工作者也对科学的管理模式的态度有了明显改变。未来，当地要重视科学的管理模式，抓住科学的管理模式所带来的传播管理发展机遇，充分认识到科学的管理模式对城市文化艺术传播所创造的机遇，要在生态文明资源开发使用、管理者综合思维成长能力培育等方面不断提升自我。管理者应当主动增强管理责任心，认识到科学管理模式的重要性，加强生态管理模式建设，积极利用科学的管理模式为城市文化艺术资源中诸多模式与方法创新提供方法论层面的指导，让管理过程更加"生态化"，意识到人的生态本质以及城市文化艺术资源的生态属性对城市文化艺术资源的价值加持，

第八章　沈阳城市文化艺术资源传播管理的发展方向

这样才能不断推动生态文明与城市文化艺术资源各环节间的有机融合。

具体来看，管理者可以在课堂生态建设上下功夫，坚持以科学的管理模式为指导，不断优化课堂管理模式，培养工作人员生态智慧，探讨什么样的管理模式和管理方法可以帮助自身建构正确的生态管理观，帮助自身明确具体的管理目标，激发自身的工作积极性，提升探究能力。管理者可以在线上平台根据自身对生态环保理念的认知和了解进行艺术创作，赞美生态文明建设，赞美生态环保，实现人与自然的和谐相处。

优化城市文化艺术资源评价体系。在科学的管理模式下，城市文化艺术资源评价活动应当立足全面传播，坚持艺术服务社会目标导向，围绕当前城市文化艺术资源困境继续优化评价体系，未来应促进多元化评价主体建构，丰富评价指标，提高评价活动质量。要注重城市文化艺术资源评价指标的全面性，设计出能够及时反馈城市文化艺术资源使用效率情况的评价体系。在科学的管理模式下，还应当科学设计评价指标体系，进一步完善评价内容。

在艺术资源开发利用效果的评价中可以增加与管理素养相关的指标，包括管理者对城市生态文明理念的熟悉程度、理解程度、环保精神、生态价值的分析能力等。在城市文化艺术资源使用效果的评价过程中，应当增加生态文明资源的整合利用等方面的指标，促进评价主体多元化，丰富评价方式。积极建立以管理对象全面发展为目标的评价体系，可以包含"综合素质""使用效果""开发情况"等指标，评价主体可以包含管理对象等主体，而且要实现自评、互评等评价方式的运用，为城市文化艺术资源评价革新奠定评价体系基础。丰富评价方式也有利于评价质量的整体提高，可以依托网络平台制定无感化、无痕迹、全过程的评价方案，实现一体化综合素质评价，让管理对象能够主动接受评价，主动参与评价，最终促进科学的管理模式下城市文化艺术资源使用质量的不断提高。

结　语

随着时代发展，城市文化艺术资源存在的原生性环境与外部环境不断碰撞，其传播价值也逐渐淡化。沈阳城市文化艺术资源传播管理实践表明，城市文化艺术资源传播离不开科学有效的管理，科学有效的管理有利于城市文化艺术资源的传播与发展，并且能够为其提供坚实的保障。例如，通过智能化技术和虚拟现实技术等，可以将沈阳故宫等城市文化艺术地标场景与文化旅游市场进行有机融合，利用文旅发展的良好契机进行创新创作发展，让文旅市场消费者融入特定的人文情境中，给予他们良好的城市文化艺术消费体验，从而拓展城市文化艺术传播路径，让文旅市场消费者轻松地体验到城市文化艺术内涵，最终提高城市文化艺术资源的综合影响力。

如何打造具有沈阳地域特色的城市文化艺术产品是我们当今亟须解决的问题。研发具有地域特色的沈阳城市文旅产品，探索城市文化艺术语言的表现形式和商业运行模式，传播优质文化精神，对沈阳这座城市的整体发展有着重要的意义。沈阳城市文化艺术资源传播发展最重要的就是集聚资源、培养人才、科学管理。

首先，从文化传播角度而言，在传播过程中要加强管理模式创新，使城市文化艺术资源的开发利用更加适合市场需求，在当代语境下探索沈阳特有的城市文化艺术语言的形成与流变。

其次，从发展文化产业角度而言，沈阳要发展地域特色的文化产业，利用其带动旅游业发展，提高地方经济效益。

最后，以激发城市创作为中心环节，以搭建城市公共服务平台作为支撑，对城市文化艺术资源研究进行顶层设计。同时，促使政府加大对城市文化旅游品牌建设的扶持力度，为推动城市产业发展，提升城市文旅品牌影响力，沈阳要在政策资金扶持、宣传推广等方面加大对城市文化品牌建设的扶持。发挥平台集聚作用，按照市场化方式运作，引导产业发展。

沈阳拥有丰富的城市文化艺术资源，未来应该结合特色文化产业和新文创技术产业，在发展过程中将传播质量作为管理的首要内容，通过有效管理来提高传播质量，帮助沈阳城市文化艺术资源得到更好的开发和利用。

参考文献

[1] 苏畅. 沈阳市城市文化塑造和重点文化街区打造[J]. 文化产业，2023（27）：142-144.

[2] 王海鹰，廉辉. 关于提升沈阳城市文化影响力对策的调查与思考[J]. 沈阳干部学刊，2023，25（4）：56-59.

[3] 邱欣妍，白新蕾. 新媒体时代沈阳英雄城市形象塑造方法研究[J]. 文化学刊，2023（7）：6-9.

[4] 葛震. 关于激发文旅融合新势能 提升沈阳城市文化影响力的对策研究[J]. 沈阳干部学刊，2023，25（3）：63-64.

[5] 韩雪梅. "文化+"工程提升沈阳城市文化影响力路径研究[J]. 文化学刊，2023（4）：65-68.

[6] 单韧. 品牌文化视域下沈阳城市形象传播策略探析[J]. 辽宁开放大学学报，2023（1）：83-85.

[7] 李玉琴. 影视教学实践对沈阳城市文化的探源与活化[J]. 文化月刊，2023（3）：56-59.

[8] 寇庆男，马英竹，邢衍，等. 关于辽宁沈阳历史文化景观保护与旅游活化的思考[J]. 西部旅游，2023（3）：48-51.

[9] 钟鸣. 凝聚城市文化力量——对沈阳广电首届"沈阳家书"大型全媒体传播活动实践的总结[J]. 记者摇篮，2023（1）：120-122.

[10] 傅瑶. 沈阳作家群与沈阳城市文化身份建构——以双雪涛、班宇和郑执创作为例[J]. 渤海大学学报（哲学社会科学版），2022，44（2）：76-79.

[11] 殷莉晶.提升沈阳城市文化品质的对策研究——以盛京皇城特色历史文化资源的开发为例[J].教育艺术，2022（3）：42.

[12] 刘静波.塑造城市文化品牌路径探析[J].品牌与标准化，2022（2）：25-27，31.

[13] 傅瑶.沈阳城市文化的民间建构——以"铁西三剑客"创作为例[J].沈阳干部学刊，2021，23（6）：62-64.

[14] 杜学娜，于斐玥.城市文化视域下的街道景观设计研究[J].美与时代（城市版），2021（10）：107-108.

[15] 张婉宜.地域音乐在城市宣传片中的价值与应用对策[J].当代音乐，2021（9）：35-37.

[16] 丁子钰，杨晔.品牌建设与城市文化保护研究——以沈阳为例[J].西部皮革，2021，43（8）：144-145.

[17] 王辉."空间正义"视角下的城市文化景观再生——以沈阳东贸库城市更新设计为例[J].当代建筑，2021（4）：28-32.

[18] 张倩.地方高校在城市文化建设中的作用研究——以沈阳市为例[J].船舶职业教育，2021，9（2）：71-74.

[19] 王爽.城市文化在城市品牌建立中的应用研究——以沈阳为例[J].西部旅游，2021（3）：50-51.

[20] 林雪飞."走出去"视域下城市文化的对外传播——以沈阳为例[J].沈阳师范大学学报（社会科学版），2021，45（2）：116-121.

[21] 杨燕.红色艺术传播提升革命老区城市文化形象研究[J].美与时代（城市版），2021（2）：92-93.

[22] 朱晓斐，于斐玥.城市文化功能品质提升[J].教育艺术，2020（10）：35.

[23] 于斐玥.设计推动城市文化功能品质提升途径探析——以沈阳市为例[J].艺术与设计（理论），2020，2（10）：55-56.

[24] 张欣, 毛惠媛. 沈阳民国文化旅游开发的意义和实践对策 [J]. 辽宁广播电视大学学报, 2020（3）: 97-102.

[25] 闫冰, 罗中男. 讲好"沈阳故事"建设东北亚国际化中心城市 [J]. 辽宁省交通高等专科学校学报, 2020, 22（4）: 60-63.

[26] 梁甜甜, 陈平. "文化+"融合理念下沈阳地域文化传承路径研究 [J]. 传播力研究, 2020, 4（21）: 27-28.

[27] 王海鹰, 马宁, 廉辉. 可持续优化沈阳营商环境的城市文化建设对策研究 [J]. 辽宁经济, 2020（3）: 58-59.

[28] 刘思维, 杨越茗, 吕从娜. 分析盛京文化在城市公共艺术设计中的应用 [J]. 艺术品鉴, 2020（2）: 108-109.

[29] 吕从娜, 陈禹竹. 城市文化背景下公共艺术的创造性转化和创新性发展——以沈阳K11购物艺术中心为例 [J]. 美术大观, 2020（1）: 134-135.

[30] 周星, 张黎歆. 视觉艺术传播时代的三重城市文化景观 [J]. 艺术百家, 2020, 36（1）: 59-64, 117.

[31] 罗健, 徐得智, 温晓庆. 关于以文化环境建设提升沈阳中心城市品质的建议 [J]. 建材与装饰, 2020（1）: 149-150.

[32] 孙雷, 姜玉原, 姜宇飞. 大学文化和城市文化互动发展的现状及对策研究——以沈阳市为例 [J]. 文化学刊, 2019（11）: 134-140.

[33] 卞地诗, 吴泽宇. 品牌学视角下沈阳城市媒体形象现状及塑造策略 [J]. 辽宁工业大学学报（社会科学版）, 2019, 21（6）: 100-102, 129.

[34] 吕丹娜, 曹水. 沈阳市文化名城建设单体及整体重塑的方法研究 [J]. 艺术品鉴, 2019（30）: 89-90.

[35] 孙雷, 刘海龙, 姜玉原. 构建大学文化与城市文化的良性互动路径研究 [J]. 沈阳干部学刊, 2019, 21（5）: 42-44.

[36] 刘旭. 文化名城建设引导下的城市公共艺术设计 [J]. 智库时代, 2019（38）: 266, 268.

[37] 李少宏, 高宏博. 沈阳城市文脉语义的提升与创新性研究 [J]. 居舍, 2019（25）: 175.

[38] 刘晓丹. 应用型大学服务城市文化建设的理论思考与实践探索 [J]. 文化创新比较研究, 2019, 3（25）: 26–28.

[39] 高旭, 吕从娜. 新媒体视角下沈阳文化名城形象的塑造与传播 [J]. 艺术品鉴, 2019（24）: 76–77.

[40] 何序哲. 有效提升沈阳城市品位问题研究 [J]. 美与时代（城市版）, 2019（7）: 95–96.

[41] 李茉. 将城市精神融入沈阳高校校园文化建设的路径研究 [J]. 沈阳工程学院学报（社会科学版）, 2019, 15（3）: 418–424.

[42] 李政来. 沈阳市消失历史建筑活化利用与展示规划研究 [J]. 工程建设与设计, 2019（12）: 17–18.

[43] 秦佳文, 宋立东. 基于地域文化视野下的沈阳城市开放空间更新研究 [J]. 卫星电视与宽带多媒体, 2019（12）: 91–92.

[44] 关昊. 打响"辽河文化"品牌——关于培育沈阳城市文化的思考 [J]. 文化学刊, 2019（6）: 148–149.

[45] 张莹, 李理. 都城传世文物对现代城市发展的"连通"作用——以盛京为例 [J]. 沈阳故宫学刊, 2018（1）: 140–149.

[46] 王涛. 艺术介入的可持续性设计——以老工业区为例 [J]. 艺海, 2019（5）: 77–79.

[47] 焦子情, 刘冀伟. 城市文化传承设计表达探究——以辽宁沈阳为例 [J]. 中国市场, 2019（15）: 35–36.

[48] 白旭. 国际性群众文化活动中的城市文化传播与提升——以中国·沈阳国际合唱节为例 [J]. 传播力研究, 2019, 3（13）: 26.

[49] 何艺. 以城市文化构建"沈阳认同"有效促进沈阳振兴发展 [J]. 沈阳干部学刊, 2019, 21（2）: 57–61.

[50] 王玲，邹玲玲. 生态文明新常态下的沈阳水系建设路径探析 [J]. 居舍，2019（5）：181.

[51] 王美华. 城市文化视域下的校园文化建设——以沈阳城市历史文化传播为例 [J]. 名作欣赏，2019（5）：145-146.

[52] 刘欢，刘帆，刘博识. 基于游客认知的沈阳市旅游形象定位研究 [J]. 中国市场，2019（1）：42-43.

[53] 李蕙. 城市博物馆文化创新之探索 [J]. 辽宁省博物馆馆刊，2017（00）：301-308.

[54] 杨硕，刘铭. 公共艺术介入沈阳城市品质提升的对策建议 [J]. 美与时代（城市版），2018（12）：4-5.

[55] 李军苗，鹿利秋. 提升沈阳特色文化及城市规划识别性发展研究 [J]. 艺术科技，2018，31（11）：54.

[56] 鑫鑫，邱思文. 激发曲艺文化产业活力 服务沈阳城市文化建设 [J]. 科教导刊（上旬刊），2018（31）：148-149.

[57] 李丛丛，唐雁，李峰，等. 大学生志愿服务与沈阳城市文化建设——以沈阳农业大学为例 [J]. 文教资料，2018（30）：64-65，105.

[58] 李雅杰，丛红艳. 浅谈西安市新丝路文化传播的意义——以第三届丝绸之路国际艺术节为例 [J]. 戏剧之家，2018（27）：243.

[59] 郑翔云. 城市旧城改造及文化遗产保护研究——以沈阳市为例 [J]. 住宅与房地产，2018（28）：231.

[60] 张丽，周诗栩. 论京沈对口合作进程中城市公共外交的作用 [J]. 辽宁经济，2018（8）：32-33.

[61] 庄沈. 沈阳高校服务城市文化发展的现状分析 [J]. 中国新通信，2018，20（16）：233.

[62] 高雁鹏，徐筱菲，修春亮. 基于GIS的沈阳旧城区叙事空间研究 [J]. 人文地理，2018，33（3）：52-59.

[63] 刘健, 安娜. 探究智慧城市下城市形象设计的文化表达 [J]. 智库时代, 2018（21）: 117–118.

[64] 向勇, 白晓晴, 李尽沙. 中国城市文化力发展评价指标体系研究 [J]. 福建论坛（人文社会科学版）, 2018（4）: 49–57.

[65] 王忠恒. 沈阳高校服务城市文化发展的现状与对策研究 [J]. 辽宁经济, 2018（3）: 44–46.

[66] 孙琳琳. 提升政务微信城市文化品牌传播力 [J]. 沈阳大学学报（社会科学版）, 2018, 20（1）: 5–8.

[67] 贺翔, 杨明凤, 姜媛. 沈阳高校大学文化与城市文化互动研究 [J]. 课程教育研究, 2017（52）: 18–20.

[68] 卢振杰, 祝颖. 城市文化转化为沈阳软实力的路径——城市记忆的镌刻 [J]. 现代商业, 2017（34）: 173–174.

[69] 赵紫燕. 杭州、上海、厦门位居前三 对19个副省级及以上城市文化软实力的测评研究 [J]. 国家治理, 2017（45）: 27–41.

[70] 徐常翠. 关于增强沈阳城市文化国际影响力与辐射力的对策建议 [J]. 沈阳干部学刊, 2017, 19（5）: 59–61.

[71] 王丽莹. 沈阳乡村旅游开发存在的问题与解决对策 [J]. 今日财富, 2017（19）: 16–18.

[72] 杨硕. 公共艺术为媒介提升城市文化的方案研究——沈阳"城市画廊"[J]. 工业设计, 2017（9）: 44–46.

[73] 赵耀武. 清朝文化视域下沈阳特色旅游纪念品开发的策略选择 [J]. 旅游纵览（下半月）, 2017（14）: 166.

[74] 崔剑生. 沈阳市旅游行业打造国际化营商环境的建议 [J]. 经济研究导刊, 2017（16）: 154–155.

[75] 汪兰川, 刘春雷, 赵舒宁. 文化多元语境下沈阳城市新名片塑造与传播 [J]. 包装工程, 2017, 38（4）: 56–61.

[76] 王伟. "一带一路"背景下沈阳城市文化与城市形象的推广研究[J]. 中国商论, 2016（26）：113-114.

[77] 陈艳梅. 营造良好城市文化环境与提高市民人文素质的对策[J]. 沈阳大学学报（社会科学版）, 2016, 18（4）：509-511.

[78] 安琳莉, 李瞳宇. 文化基因在沈阳民俗特色街区景观营建中的研究思考[J]. 中国园艺文摘, 2016, 32（8）：118-120.

[79] 范晓君, 张萍. 工业遗产与沈阳城市旅游形象塑造[J]. 辽宁经济, 2016（7）：68-69.

[80] 姜楠. 对艺术文化促进沈阳文化产业和城市文化发展的思考[J]. 音乐生活, 2016（5）：87-88.

[81] 高莹, 石华, 彭凌玲, 等. 城市文化景观与老字号文化再生的构建研究——以沈阳餐饮行业老字号店铺文化景观遗产保护为例[J]. 西部人居环境学刊, 2016, 31（1）：101-105.

[82] 盖添淇. 会展经济对城市文化的推动——以沈阳为例[J]. 旅游纵览（下半月）, 2015（24）：221.

[83] 黄利军, 张洪铭, 王明华. 沈阳锦鲤大赛未来发展取向分析[J]. 辽宁经济, 2015（11）：90-93.

[84] 卢振杰. 沈阳城市文化消费水平提升的制约因素分析[J]. 时代金融, 2015（32）：43-44.

[85] 王彩云. 媒体融合背景下沈阳城市文化品牌传播的策略研究[J]. 大舞台, 2015（11）：247-248.

[86] 孙琳琳, 朱佳. 历史遗产对沈阳文化品牌的影响——基于沈阳城市文化品牌调查[J]. 商, 2015（31）：69, 100.

[87] 高丹峰, 杨晔. 品牌视觉形象设计研究[J]. 现代装饰（理论）, 2015（7）：289.

[88] 刘伟刚. 城市文化软实力与文明城市创建的关系[J]. 经济研究导刊, 2015（11）：98-99.

[89] 张健, 刘小溪, 王婷. 沈阳地区城市旅游规划研究——以城市文化旅游为例 [J]. 沈阳建筑大学学报（社会科学版）, 2015, 17（2）: 146–150.

[90] 刘伟刚. 沈阳城市文化特征简述 [J]. 经济研究导刊, 2015（9）: 179, 186.

[91] 孙琳琳, 朱佳. 城市文化品牌传播策略研究——以沈阳为例 [J]. 当代教育实践与教学研究, 2015（3）: 135, 153.

[92] 陈亮, 王红. 沈阳公共艺术发展探析 [J]. 大众文艺, 2015（4）: 123.

[93] 胡冰清. 会展与主办城市的互助发展 [J]. 中外企业家, 2015（6）: 39.

[94] 白金玲, 樊晓辉, 索亮. 我国城市文化产业发展问题研究 [J]. 新经济, 2014（Z2）: 43.

[95] 马雪峰. 沈阳方城的保护与开发分析 [J]. 山西建筑, 2014, 40（31）: 15–16.

[96] 张桂林, 李文国. 沈阳市建设以装备制造业为特色的国家中心城市对策 [J]. 沈阳工业大学学报（社会科学版）, 2014, 7（5）: 423–427.

[97] 张爱邦. 关于以文化软实力为牵引推进文明城市创建的思考——以沈阳市为例 [J]. 经济研究导刊, 2014（26）: 125–126.

[98] 姚红媛, 吴比, 陈英杰. 浅谈城市文化广场设计中艺术、自然和人文的统一 [J]. 美术教育研究, 2014（16）: 80.

[99] 王鑫. 工业遗产与城市文化空间构建研究——以北京和沈阳为对比 [J]. 中国名城, 2014（2）: 50–54.

[100] 董玉莲. 提升沈阳文化软实力的战略途径 [J]. 沈阳师范大学学报（社会科学版）, 2014, 38（1）: 12–14.

[101] 王立, 刘芳芳. 《沈阳景致子弟书》的城市文化整合意识 [J]. 珠江论丛, 2013（2）: 1–6.

[102] 张思宁. 论提升城市文化传播力的方略和措施——兼论沈阳文化建设特征 [J]. 社会科学辑刊, 2012（2）: 226–228.

[103] 孙琳琳.传播视域下城市文化形象建设研究——以沈阳市为例[J].青年记者,2011(29):11-12.

[104] 张立峰,鹿磊,孙滢悦.论文化遗产旅游开发与城市文化特色建设的协调发展[J].商业时代,2010(35):113-115.

[105] 焦阳,李政来,王晓刚.高校搬迁与城市发展的互动研究——以沈阳市为例[J].规划师,2010,26(S2):60-63.

[106] 梁笑梅.非物质文化遗产的艺术传播与城市文化格调的提升——以重庆大型交响音诗画《清明》为例[J].艺术百家,2010,26(3):76-79.

[107] 鲍宗豪.文化全球化与文化强市战略——以"沈阳文化强市战略"为例[J].中国名城,2010(5):8-15.

[108] 于立军.辽东半岛城市文化圈的发展趋势[J].辽东学院学报(社会科学版),2010,12(2):152-156.

[109] 张思宁.请勿量化历史文化名城价值[J].中国报道,2009(6):110.

[110] 韩春艳.打造世界遗产品牌 彰显沈阳城市文化——沈阳故宫打造世界遗产品牌研讨会[J].沈阳故宫博物院院刊,2007(2):180-181.

[111] 王强,李睿.论城市文化的产业化发展[J].科技信息(科学教研),2007(36):346-347.

[112] 徐明君.审美人类学视域中的民族舞蹈开发——以秧歌与秧歌节为例[J].北京舞蹈学院学报,2007(4):76-80.

[113] 鲍明.沈阳城市文化的结构与特色分析[J].沈阳师范大学学报(社会科学版),2007(4):83-86.

[114] 毕玉才,苗家生.沈阳:市民享受十道文化大餐[J].政工研究动态,2007(4):28.

[115] 王强,曹传明,徐岩,等.关于沈阳城市文化的定位分析[J].沈阳工程学院学报(社会科学版),2006(4):448-450.

[116] 达即至. 首届城市文化研讨会在广元举行 [J]. 城市问题, 1987 (6): 58.

[117] 孙婷婷. 工业文化背景下的沈阳公交站台优化设计研究 [D]. 沈阳: 沈阳航空航天大学, 2023.

[118] 张相南. 北京地铁公共艺术传播与城市形象建构研究 [D]. 北京: 北京交通大学, 2023.

[119] 车勇慧. 城市门户干道公共艺术实践研究 [D]. 沈阳: 鲁迅美术学院, 2023.

[120] 林丹阳. 东北旧工业建筑改造中的城市文化延续 [D]. 沈阳: 沈阳师范大学, 2023.

[121] 叶福森. 基于沈阳城市文脉的文创产品设计应用研究 [D]. 沈阳: 沈阳航空航天大学, 2022.

[122] 贾晓凡. 城市形象塑造视角下沈阳莫子山城市书房空间设计研究 [D]. 沈阳: 沈阳建筑大学, 2022.

[123] 赵茜. 沈阳市文明城市创建中的问题及对策研究 [D]. 沈阳: 沈阳师范大学, 2022.

[124] 马徽粤. 城市文化特色元素在现代插画设计中的应用 [D]. 长春: 吉林艺术学院, 2022.

[125] 荣洁. 中国艺术区变迁研究 [D]. 南京: 南京艺术学院, 2021.

[126] 朱逸卓. 沈阳市城区公共文化设施布局优化研究 [D]. 沈阳: 沈阳建筑大学, 2021.

[127] 尹书涵. 文化符号对沈阳城市形象的建构研究 [D]. 沈阳: 沈阳师范大学, 2021.

[128] 冯慧文. 国际汉语教材中城市文化相关内容现状调查研究 [D]. 沈阳: 沈阳师范大学, 2021.

[129] 郭欢逸. 图像叙事下的沈阳城市品牌形象创意设计与传播研究 [D]. 沈阳: 沈阳建筑大学, 2021.

[130] 王悦. 沈阳中山路公共设施设计研究 [D]. 沈阳：沈阳航空航天大学，2020.

[131] 郝硕. 盘锦广厦艺术街区广场景观设计与研究 [D]. 沈阳：沈阳理工大学，2020.

[132] 石褒曼. 近现代沈阳历史文化空间形态演进研究 [D]. 沈阳：沈阳建筑大学，2020.

[133] 王艺涵. 基于城市更新下的历史文化名城保护性设计研究 [D]. 沈阳：沈阳建筑大学，2020.

[134] 王琳. 基于交互式体验的城市公共艺术设计创新研究 [D]. 沈阳：沈阳航空航天大学，2019.

[135] 赵国建. 基于沈阳故宫周边环境的城市家具设计研究 [D]. 沈阳：沈阳航空航天大学，2019.

[136] 赵妍. 沈阳新建大学校区文化建设研究 [D]. 沈阳：东北大学，2019.

[137] 李昕蔚. 基于城市文脉视角下的沈阳城市意象研究 [D]. 沈阳：鲁迅美术学院，2019.

[138] 赵垠松. P市城市文化展示馆在城市文化建设中的功能发挥研究 [D]. 沈阳：沈阳师范大学，2019.

[139] 张恕. 城市文化背景下的公共艺术在景观设计中的应用研究 [D]. 沈阳：沈阳建筑大学，2019.

[140] 张玲. 城市更新中的工业现成品艺术研究 [D]. 上海：上海大学，2018.

[141] 耿阳. 沈阳市城市文化功能区建设研究 [D]. 沈阳：鲁迅美术学院，2018.

[142] 王爽. 中国城市建设文化的技术解读 [D]. 沈阳：沈阳工业大学，2018.

[143] 宋华华. 沈阳地域文化下的地铁站点装饰艺术表现研究 [D]. 沈阳：沈阳航空航天大学，2018.

[144] 于倩. 存量规划视角下辽宁大学—崇山路地区更新策略研究 [D]. 沈阳：沈阳建筑大学，2018.

[145] 张伟伟. 沈阳旧城区叙事空间研究 [D]. 沈阳：东北大学，2017.

[146] 高雨辰. 城市文脉保护视野下的公共艺术设计研究 [D]. 天津：天津大学，2016.

[147] 马铎. 沈阳地铁文化建设研究 [D]. 大连：大连海事大学，2016.

[148] 陈峰. 沈阳城市文化主题景观设计研究 [D]. 沈阳：沈阳理工大学，2016.

[149] 李欣家. 公共艺术设计与城市形象塑造研究 [D]. 沈阳：沈阳建筑大学，2016.

[150] 张宇. 工业遗产保护视域下的城市文化创意产业整合与优化 [D]. 大连：大连海事大学，2015.

[151] 杨小舟. 城市艺术设计视角下的城市文脉保护与再生策略 [D]. 天津：天津大学，2016.

[152] 朱佳. 沈阳城市文化品牌建设研究 [D]. 沈阳：沈阳大学，2015.

[153] 侯旭龙. 街巷认知背景下的沈阳故宫区域城市设计研究 [D]. 沈阳：沈阳建筑大学，2015.

[154] 段冶. 历史文化影响下的城市公共艺术设计研究 [D]. 沈阳：沈阳建筑大学，2014.

[155] 张芳. 传承沈阳文化符号的城市品牌塑造研究 [D]. 沈阳：沈阳航空航天大学，2013.

[156] 刘源. 具有沈阳地域文化特色的地铁标识设计研究 [D]. 沈阳：沈阳建筑大学，2013.

[157] 包玲. 城市广场文化传承问题研究 [D]. 沈阳：沈阳师范大学，2012.

[158] 吴丹. 沈阳铁西工业区城市文化景观的传承与再设计 [D]. 沈阳：沈阳航空航天大学，2012.

[159] 李从国. 基于农村文化消费需求的沈阳农村文化产业发展研究 [D]. 沈阳：沈阳理工大学，2011.

[160] 李璇. 沈阳市城市品牌策略研究 [D]. 沈阳：沈阳理工大学，2011.

[161] 高丽娟. 沈阳社区艺术培训机构的管理现状和未来发展分析 [D]. 上海：上海音乐学院，2010.

[162] 张宜时. 以城市文化建设提升沈阳城市竞争力研究 [D]. 沈阳：沈阳理工大学，2010.

[163] 荆蕙兰. 近代大连城市文化研究（1898—1945）[D]. 长春：东北师范大学，2009.

[164] 于冰. 沈阳中街公共雕塑设计研究 [D]. 哈尔滨：东北林业大学，2009.

[165] 陈艺珺. 上海城市品牌定位评价与提升研究 [D]. 上海：上海交通大学，2009.

[166] 高帆. 以文化距离理论透析沈阳与哈尔滨近代建筑现象 [D]. 哈尔滨：哈尔滨工业大学，2008.

[167] 王伟年. 城市文化产业区位因素及地域组织研究 [D]. 长春：东北师范大学，2007.

[168] 朱河囡. 中国出版业转型及其城市—区域空间格局演变的研究 [D]. 上海：华东师范大学，2006.

[169] 李曼. 现代城市文化的比较研究 [D]. 大连：辽宁师范大学，2006.

[170] 李哲. 生态城市美学的理论建构与应用性前景研究 [D]. 天津：天津大学，2005.

[171] 高永宏. 沈阳市浑河滨水区开发战略研究 [D]. 沈阳：东北大学，2005.

[172] 李培祥. 东北地区城市与区域相互作用机理及模式研究 [D]. 长春：东北师范大学，2004.

[173] 赵美艳，白瑞鑫.文化强国战略背景下沈阳城市文化建设的对策研究[A].//第二十届沈阳科学学术年会论文集——二等奖论文[C].中共沈阳市委、沈阳市人民政府，沈阳市科学技术协会，2023：4.

[174] 李昕蔚.关于提升沈阳城市文化品质的对策研究[A].//第二十届沈阳科学学术年会论文集——四等奖论文[C].中共沈阳市委、沈阳市人民政府，沈阳市科学技术协会，2023：4.

[175] 王海鹰，廉辉.沈阳城市文化影响力现状与对策[A].//第二十届沈阳科学学术年会论文集——四等奖论文[C].中共沈阳市委、沈阳市人民政府，沈阳市科学技术协会，2023：4.

[176] 葛震.释放活力 促进融合 助力沈阳文化强市建设实现历史新突破[A].//第二十届沈阳科学学术年会论文集——三等奖论文[C].中共沈阳市委、沈阳市人民政府，沈阳市科学技术协会，2023：3.

[177] 童敏，翟波.关于加强沈阳文化建设的对策建议[A].//第二十届沈阳科学学术年会论文集——三等奖论文[C].中共沈阳市委、沈阳市人民政府，沈阳市科学技术协会，2023：5.

[178] 张爱邦，兰文巧.关于推出沈阳更多原创性、高热度文化IP的对策建议[A].//第十九届沈阳科学学术年会论文集[C].中共沈阳市委、沈阳市人民政府，沈阳市科学技术协会，2022：5.

[179] 周东剑，李媛，刘奕含.全民阅读背景下高校图书馆参与沈阳市城市文化建设的对策研究[A].//第十九届沈阳科学学术年会论文集[C].中共沈阳市委、沈阳市人民政府，沈阳市科学技术协会，2022：4.

[180] 安澜.关于加快沈阳城市文化建设的策略探究[A].//第十九届沈阳科学学术年会论文集[C].中共沈阳市委、沈阳市人民政府，沈阳市科学技术协会，2022：4.

[181] 韩婷.关于加强沈阳文化建设的对策研究[A].//第十九届沈阳科学学术年会论文集[C].中共沈阳市委、沈阳市人民政府，沈阳市科学技术协会，2022：3.

[182] 罗中男，闫冰.持续提升沈阳城市文化品质 打造东北亚国际创意文化产业名城[A].第十八届沈阳科学学术年会论文集[C].中共沈阳市委、沈阳市人民政府，沈阳市科学技术协会，2021：6.

[183] 武思彤.打造沈阳特色区域性文化创意中心的对策研究[A].第十八届沈阳科学学术年会论文集[C].中共沈阳市委、沈阳市人民政府，沈阳市科学技术协会，2021：3.

[184] 赵迪.大学艺术文化建设加快沈阳创意经济发展[A].第十八届沈阳科学学术年会论文集[C].中共沈阳市委、沈阳市人民政府，沈阳市科学技术协会，2021：4.

[185] 葛震.赋能"文旅＋多产业"新业态 助力提升沈阳城市文化软实力[A].第十八届沈阳科学学术年会论文集[C].中共沈阳市委、沈阳市人民政府，沈阳市科学技术协会，2021：4.

[186] 李晓南，王焯，姚明明.关于集聚"工业＋文化"新动能、提升城市文化软实力的对策建议[A].第十八届沈阳科学学术年会论文集[C].中共沈阳市委、沈阳市人民政府，沈阳市科学技术协会，2021：5.

[187] 吕雪，王艳彪.文化融合视域下沈阳市打造国家中心城市建设的对策研究[A].第十八届沈阳科学学术年会论文集[C].中共沈阳市委、沈阳市人民政府，沈阳市科学技术协会，2021：5.

[188] 朱峰.可持续优化沈阳营商环境的城市文化建设对策研究[A].第十八届沈阳科学学术年会论文集[C].中共沈阳市委、沈阳市人民政府，沈阳市科学技术协会，2021：4.

[189] 王炳焱，李敏娟.关于建设沈阳区域性文化中心增强软实力对策[A].第十八届沈阳科学学术年会论文集[C].中共沈阳市委、沈阳市人民政府，沈阳市科学技术协会，2021：5.

[190] 田地，温唯一.关于提升城市文化软实力，建设区域性文化创意中心的对策建议[A].第十八届沈阳科学学术年会论文集[C].中共沈阳市委、沈阳市人民政府，沈阳市科学技术协会，2021：4.

[191] 李昕蔚. 依托文化软实力，打造沈阳地区文化创意中心对策研究 [A].// 第十八届沈阳科学学术年会论文集 [C]. 中共沈阳市委、沈阳市人民政府，沈阳市科学技术协会，2021：4.

[192] 姜楠. 音乐节对提升沈阳城市影响力的策略研究 [A].// 第十八届沈阳科学学术年会论文集 [C]. 中共沈阳市委、沈阳市人民政府，沈阳市科学技术协会，2021：4.

[193] 韩非. 对沈阳的一些新期待 [A].// "建设沈阳 请您建言"主题研讨会论文集 [C]. 沈阳市产业转型升级促进中心，沈阳市产业转型升级促进中心，2021：1.

[194] 于巨周. 建设国家中心城市，沈阳需要做哪些提升 [A].// "建设沈阳 请您建言"主题研讨会论文集 [C]. 沈阳市产业转型升级促进中心，沈阳市产业转型升级促进中心，2021：4.

[195] 刘林鹏, 薛春艳. 沈阳市历史文化建筑数字化地图建设研究 [A].// 第十七届沈阳科学学术年会论文集 [C]. 中共沈阳市委、沈阳市人民政府，沈阳市科学技术协会，2020：8.

[196] 张治源. 基于提升沈阳城市文化品质视角的景观环境建设策略研究 [A]. 第十七届沈阳科学学术年会论文集 [C].// 中共沈阳市委、沈阳市人民政府，沈阳市科学技术协会，2020：4.

[197] 马骏宇, 房丽娜. 沈阳城市文化视角下的城市导视系统创新设计研究 [A].// 第十七届沈阳科学学术年会论文集 [C]. 中共沈阳市委、沈阳市人民政府，沈阳市科学技术协会，2020：4.

[198] 杨静, 常悦, 韩阳. 提升沈阳城市文化品质的对策研究 [A].// 第十七届沈阳科学学术年会论文集 [C]. 中共沈阳市委、沈阳市人民政府，沈阳市科学技术协会，2020：3.

[199] 余杨, 许宁芮. 文化强国背景下推进沈阳文商旅一体化建设发展对策研究 [A].// 第十七届沈阳科学学术年会论文集 [C]. 中共沈阳市委、沈阳市人民政府，沈阳市科学技术协会，2020：4.

[200] 刘芳.传承和弘扬雷锋精神 提升沈阳城市文化品质[A].//第十七届沈阳科学学术年会论文集[C].中共沈阳市委、沈阳市人民政府,沈阳市科学技术协会,2020:3.

[201] 鲍明,景翠翠.关于持续提升沈阳城市文化品质的对策研究[A].//第十七届沈阳科学学术年会论文集[C].中共沈阳市委、沈阳市人民政府,沈阳市科学技术协会,2020:4.

[202] 施君鹏,张恕.关于持续提升沈阳城市文化品质的对策研究[A].//第十七届沈阳科学学术年会论文集[C].中共沈阳市委、沈阳市人民政府,沈阳市科学技术协会,2020:6.

[203] 赵士谦,郝淑华,秦雅楠,等.关于持续提升沈阳城市文化品质的对策研究[A].//第十七届沈阳科学学术年会论文集[C].中共沈阳市委、沈阳市人民政府,沈阳市科学技术协会,2020:3.

[204] 李洪想,李敏娟.关于持续提升沈阳市文化品质对策研究[A].//第十七届沈阳科学学术年会论文集[C].中共沈阳市委、沈阳市人民政府,沈阳市科学技术协会,2020:4.

[205] 范铭子.关于持续提升沈阳中心城市文化品质的对策研究[A].//第十七届沈阳科学学术年会论文集[C].中共沈阳市委、沈阳市人民政府,沈阳市科学技术协会,2020:4.

[206] 罗中男,闫冰.集沈阳文化力量,打造创意产业名城[A].//第十七届沈阳科学学术年会论文集[C].中共沈阳市委、沈阳市人民政府,沈阳市科学技术协会,2020:4.

[207] 田雨,张雅婧,朱昆,等.沈阳城市文化品质提升对策研究[A].//第十七届沈阳科学学术年会论文集[C].中共沈阳市委、沈阳市人民政府,沈阳市科学技术协会,2020:4.

[208] 闫冰,罗中男.讲好"沈阳故事"建设东北亚国际中心城市[A].//第十七届沈阳科学学术年会论文集[C].中共沈阳市委、沈阳市人民政府,沈阳市科学技术协会,2020:4.

[209] 罗中男. 深度开掘沈阳文化品牌 助力创建东北亚中心城市 [A]. // 第十六届沈阳科学学术年会论文集（经管社科）[C]. 中共沈阳市委、沈阳市人民政府、国际生产工程院、中国机械工程学会，沈阳市科学技术协会，2019：5.

[210] 顾爱华，佟熙，周环. 沈阳市物质文化遗产价值实现路径研究——关于建立东北大学旧址公园的可行性探讨 [A]. // 第十六届沈阳科学学术年会论文集（经管社科）[C]. 中共沈阳市委、沈阳市人民政府、国际生产工程院、中国机械工程学会，沈阳市科学技术协会，2019：4.

[211] 王丽雅，祁宁. 提升沈阳中心城市功能品质的对策研究——以高校实体书店参与城市公共服务文化为例 [A]. // 第十六届沈阳科学学术年会论文集（经管社科）[C]. 中共沈阳市委、沈阳市人民政府、国际生产工程院、中国机械工程学会，沈阳市科学技术协会，2019：4.

[212] 丛琳，孙奥，孙红月. 关于提升沈阳中心城市功能品质的对策建议 [A]. // 第十六届沈阳科学学术年会论文集（经管社科）[C]. 中共沈阳市委、沈阳市人民政府、国际生产工程院、中国机械工程学会，沈阳市科学技术协会，2019：3.

[213] 刘畅. 新时代背景下提升沈阳中心城市功能品质的对策建议 [A].// 第十六届沈阳科学学术年会论文集（经管社科）[C]. 中共沈阳市委、沈阳市人民政府、国际生产工程院、中国机械工程学会，沈阳市科学技术协会，2019：3.

[214] 金锋淑，高峰，李岩. 工业文化引领下的老城区更新研究——以沈阳铁西老城区城市更新为例 [A]. // 共享与品质——2018中国城市规划年会论文集（09城市文化遗产保护）[C]. 中国城市规划学会、杭州市人民政府，中国城市规划学会，2018：11.

[215] 达温阳. 新时期博物馆集群公共教育服务构想初探——以沈阳博物馆为例 [A]. // 中国博物馆协会名人故居专业委员会2018年年会暨学

术研讨会论文集 [C]. 中国博物馆协会名人故居专业委员会，中国博物馆协会名人故居专业委员会，2018.

[216] 李璐，姚卓，田冬林 . 基于品质提升的城市新区文化特色塑造——以沈阳奥体中心地区更新为例 [A].//2018 城市发展与规划论文集 [C]. 中国城市科学研究会、江苏省住房和城乡建设厅、苏州市人民政府，北京邦蒂会务有限公司，2018：5.

[217] 李娜 . 沈阳城市文化建设的对策研究 [A].// 第十五届沈阳科学学术年会论文集（经管社科）[C]. 中共沈阳市委、沈阳市人民政府、亚太材料科学院，沈阳市科学技术协会，2018：5.

[218] 李杰 . 马拉松赛事对沈阳城市发展的影响研究 [A].//2017 年全国竞技体育科学论文报告会论文摘要汇编 [C]. 中国体育科学学会，中国体育科学学会，2017：2.

[219] 南溪，刘天执，吴佳玥 . 基于全球创新型城市发展视角下的沈阳城市文化创意产业建设的对策建议 [A].// 第十四届沈阳科学学术年会论文集（经管社科）[C]. 中共沈阳市委、沈阳市人民政府，沈阳市科学技术协会，2017：3.

[220] 王建辉，李娟娟 . 提升沈阳城市文化品味的对策建议 [A].// 第十四届沈阳科学学术年会论文集（经管社科）[C]. 中共沈阳市委、沈阳市人民政府，沈阳市科学技术协会，2017：5.

[221] 王强，杨哲 . 基于沈阳城市文化塑造的对策研究 [A].// 第十三届沈阳科学学术年会论文集（经管社科）[C]. 中共沈阳市委、沈阳市人民政府、中国农学会，沈阳市科学技术协会，2016：4.

[222] 吴哲，阚迪，吴智 . 关于构建"书香沈阳"的思考与建议 [A].// 第十三届沈阳科学学术年会论文集（经管社科）[C]. 中共沈阳市委、沈阳市人民政府、中国农学会，沈阳市科学技术协会，2016：3.

[223] 王强，杨哲 . 以沈阳城市文化环境建设提高市民文化素质 [A].// 第

十二届沈阳科学学术年会论文集（经管社科）[C].中共沈阳市委、沈阳市人民政府，沈阳市科学技术协会，2015：4.

[224] 王鑫.工业遗产与城市文化空间构建研究——以北京和沈阳为对比[A].北京学研究2013：文化·产业·空间[C].北京联合大学北京学研究基地、北京联合大学学报编辑部、北京联合大学人文地理学学术创新团队、北京地理学会，同心出版社，2013：9.

[225] 陈亮，王红.沈阳公共艺术的发展与思考[A].//第九届沈阳科学学术年会论文集（经济管理与人文科学分册）[C].中共沈阳市委、沈阳市人民政府，沈阳市科学技术协会，2012：4.

[226] 姜洁.打造沈阳成为国家中心城市的文化形象建设研究[A].//第九届沈阳科学学术年会论文集（经济管理与人文科学分册）[C].中共沈阳市委、沈阳市人民政府，沈阳市科学技术协会，2012：4.

[227] 杨松芳.增强沈阳文化软实力，加快建设文化强市，确保进入全国文明城市行列的对策建议[A].//第九届沈阳科学学术年会论文集（经济管理与人文科学分册）[C].中共沈阳市委、沈阳市人民政府，沈阳市科学技术协会，2012：4.

[228] 于桂荣.保护开发抗战文化资源打造沈阳城市文化品牌[A].//东北抗联史学术交流会文集[C].中国近现代史史料学学会、东北抗联史研究中心，中国近现代史史料学学会，2011：6.

[229] 徐明君.沈阳打造国家中心城市的文化形象研究[A].//第八届沈阳科学学术年会论文集[C].沈阳市委、沈阳市人民政府，沈阳市科学技术协会，2011：4.

[230] 张冬梅.城市文化体系与沈阳文化软实力的提升[A].//第八届沈阳科学学术年会论文集[C].沈阳市委、沈阳市人民政府，沈阳市科学技术协会，2011：4.

[231] 石姝莉.努力造就"沈阳品质"提升城市文化软力：基于媒介发展对

城市质量的提升 [A]. // 第八届沈阳科学学术年会论文集 [C]. 沈阳市委、沈阳市人民政府，沈阳市科学技术协会，2011：4.

[232] 赵英魁，李晓宇，李政来，等. 历史文化资源引领下的城市整体发展策略——沈阳关东文化发掘及其资源开发研究 [A]. // 转型与重构——2011 中国城市规划年会论文集 [C]. 中国城市规划学会、南京市政府，中国城市规划学会，2011：10.

[233] 郭锴. 加快建设沈阳"文化强市"对策研究 [A]. // 科技创新与产业发展（B 卷）——第七届沈阳科学学术年会暨浑南高新技术产业发展论坛文集 [C]. 中共沈阳市委员会、沈阳市人民政府，沈阳市科学技术协会，2010：3.

[234] 雷淑媛. 辽宁老工业基地振兴中的城市文化与满族文化 [A]. // 科学发展观与民族地区建设实践研究 [C]. 中国少数民族哲学及社会思想史学会，中国少数民族哲学及社会思想史学会，中国少数民族哲学及社会思想史学会，2008：12.

[235] 徐明君. 城乡整合与沈阳地区非物质文化遗产开发 [A]. // 科学发展与社会责任（B 卷）——第五届沈阳科学学术年会文集 [C]. 中共沈阳市委员会、沈阳市人民政府，沈阳市科学技术协会，2008：4.

[236] 葛鑫，贾晓东. 沈阳方城：守护城市文化根脉 [N]. 中国文化报，2023-11-10（002）.

[237] 陈凤军. "新样式"城市书房丰富沈阳城市文化新形象 [N]. 沈阳日报，2023-07-10（008）.

[238] 郑荣健. 在理论与实践共振中探寻"破圈" [N]. 中国艺术报，2021-08-23（001）.

[239] 詹德华. 发挥大学引领作用 提升城市文化品位 [N]. 沈阳日报，2019-12-05（010）.

[240] 让更多的人爱上沈阳城 [N]. 沈阳日报，2017-01-04（001）.

[241] 向文化强市跨步跃升 [N]. 沈阳日报，2012-02-04（001）.

[242] 陈凤军. 提升城市文化精神 展现文化丰富内涵 [N]. 沈阳日报，2011-07-11（A04）.

[243] 李彤. 以工业文化定位沈阳的城市文化 [N]. 沈阳日报，2009-06-20（008）.

[244] 朱燕，王文. 这种温情淡定只属于珠海 [N]. 珠海特区报，2009-01-11（012）.

[245] 王研. 在农民工里普及城市文化 [N]. 辽宁日报，2007-05-22（011）.